War Crimes
First Report
on United States War Crimes
Against Afghanistan
The Commission of Inquiry for the War Crimes Tribunal(ed.)

JN323051

アフガン戦犯法廷準備編
アフガン戦犯法廷準備委員会編

アフガニスタン戦争被害調査報告

- 6 調査団の目的と概要

難民キャンプでの聞き取り調査
- 10 ニュー・シャムシャトゥ難民キャンプ
- 17 コトカイ難民キャンプNo.1
- 23 カチャガリ難民キャンプNo.4
- 27 イスラマバード難民定住区I-11

NGOからの聞き取り調査
- 31 ペシャワール会
- 35 アフガン難民を支える会
- 37 ナジャット麻薬リハビリテーション・センター

39 まとめ提言

41 アフガニスタン戦犯法廷起訴状・草案 (ブッシュに対する起訴状)
- 55 起訴状・添付資料／アフガニスタン関連年表

- 74 関連文献・サイト紹介
- 4 アフガニスタン関係地図

GENJIN
ブックレット
33
現代人文社

はしがき

「9.11」は世界を変えた，と言われます。

いや，世界は変わっていない，との声もあります。

確かに変わったことの一つは，国際法を平気で踏みにじって，剥き出しの暴力で世界を抑圧し，他者を攻撃する思考が蔓延していることではないでしょうか。

アメリカは「不朽の自由作戦」「アナコンダ作戦」に続いて，いまなおアフガニスタンで「コンドル作戦」を展開し，無力なアルカイダを殺害しています。フィリピンでも軍事作戦を始めました。イラク，イラン，朝鮮への脅迫も続けています。

中東では，虐殺常習犯であるシャロンのイスラエルが，パレスチナを占領し，人々をゲットーに閉じ込めて，殺害したり，誘拐したりしています。国連人権機関が批判しても，シャロンは「テロ対策」との口実を唱えています。インドとパキスタンの軍事緊張も厳しくなっています。

「テロ対策」と唱えさえすれば一方的な殺戮が許されるかのような異常な思考が，国際法の無視を引き起こしています。現代国際法の危機が語られています。それは国際平和の危機であり，現代人権論の危機です。

こうした現状を変えていくために，私たちは「アフガニスタンにおけるアメリカの戦争犯罪を裁く国際民間法廷（略称「アフガン戦犯法廷」または「ブッシュ戦犯法廷」）」を呼びかけています。

*

2001年10月7日，ブッシュ大統領は「9.11」のいわゆる「同時多発テロ」に対する「報復戦争」を，自衛権の行使と強弁し，「テロリストをかくまう国は許さない」と称して，開始しました。米英軍の武力攻撃は自衛権の行使にはあたらず，国際法上いかなる正当化の根拠もありません。国際法は報復戦争を認めていません。自衛権の行使の前提条件は備わっていません。ビン・ラディンが犯人であるという証拠も示されていませんでした。

大国の一方的な主張で，内戦と旱魃と飢餓に苦しむアフガニスタンへの無用で違法な武力攻撃が行われました。その中で，民間人・民間施設に対する

攻撃が行われ，「誤爆」による被害が拡大し，捕虜虐殺と捕虜虐待が繰り返されました。

それにもかかわらず，国連は米英軍の武力攻撃を容認し，西欧諸国は「連合軍」に加担し，日本も「後方支援」という名の戦争協力に走り，「空中給油」という形で「参戦」しました。イスラム諸国は，アメリカの強大な軍事力を前に沈黙を余儀なくされています。

こうした事態を放置しておくことは，今後もアメリカの横暴による破壊と殺人を容認することにつながります。国際法を確認し，国際社会の平和と安全を求める平和運動を広げていくために，アフガニスタンにおけるアメリカの戦争犯罪を裁く国際民間法廷を開催する必要があります。

*

日本の平和運動から世界のＮＧＯに向けてアフガニスタン戦犯法廷の開催を呼びかけていきましょう。日本の各地から声をあげ，アフガニスタンにおける戦争被害の実相を調査し，報告し，国際法に照らして「評価」することが必要です。

そのための課題の一つとして，私たちはアフガニスタン難民から戦争被害の聞き取り調査を行いました。本書にはその記録を，多数の写真とともに収録しました。これまで，アフガニスタン難民支援のための調査・取材は多数ありますが，戦争被害の解明もぜひとも進めていきたいものです。

また，本書には「ブッシュに対する起訴状」（案）を収録（本書41頁）しています。これまでに明らかになっている事実に基づいても，ブッシュ大統領が数々の戦争犯罪に責任があることは明白です。「起訴状」は，現代国際法に基づいて，ブッシュがどのような戦争犯罪を犯したのかを具体的に示しています。

2002年6月には，アメリカ軍が2001年11月にアルカイダ捕虜を多数虐殺していた証言も登場しました。まだまだ知られざる戦争犯罪があるに違いありません。ジャーナリスト，ＮＧＯ，法律家はもとより，市民の手で調査し，取材し，真相を追及し，ブッシュの戦争犯罪の全貌を解明しようではありませんか。

はしがき

アフガニスタン関係地図

トルクメニスタン　ウズベキスタン
タジキスタン

マザリシャリフ
ヒンズークシュ山脈
カラバー
カラコルム山脈
ギルギット
アフガニスタン
バーミヤン　カブール　ジャララバード
ハザールナウ　①
セイカラム　②ペシャワール
③　④◎イスラマバード
ヒマラヤ山脈
カンダハル　　　　　　　　　　　●ラワルピンディ

●クエッタ
ファイサラバード　ラホール

パキスタン

インド

●カラチ
アラビア海

① コトカイ難民キャンプ
② カチャガリ難民キャンプ
③ ニューシャムシャトゥ難民キャンプ
④ イスラマバード　I-11

ブッシュの戦争犯罪を裁く

アフガニスタン戦争被害調査報告

アブドル・ラシードさん（コトカイ難民キャンプ）本書19頁以下。

● はじめに
調査団の目的と概要

1　調査の目的

　2001年10月7日，アメリカ・イギリス連合軍は，同年9月11日のニューヨーク・ワシントンにおけるいわゆる「同時多発テロ」に対する「報復」，ないし「テロリストをかくまう国」としてアフガニスタンに対する武力攻撃を開始した（後述するように，本報告書では「アメリカ戦争」と呼ぶ）。

　この武力攻撃が国際法に違反する違法行為であり，正当化できないことは，ブッシュ大統領らアメリカ軍首脳の説明が二転三転したことからも明らかである。当初は「報復戦争」を唱えたブッシュは，それが国際法上の正当化を認められないと指摘されるや，自衛権の行使であると唱え始め，国連憲章51条や安全保障理事会決議を引き合いに出したが，それらに照らしても米英軍の武力攻撃を正当化することはできない。さらにブッシュは，テロリストの引渡しを要求して，「テロリストをかくまう国」に対する攻撃を唱えたが，これも異常な主張にすぎない。そもそもビンラディンが9月11日のテロの犯行者であるとする証拠すら満足に示されていない。仮にビンラディンが「犯人」だったとしても，「テロリストをかくまう国」に対する武力攻撃は国際法上のいかなる根拠も持たない。まして，その政権を崩壊させることなど認められるはずがない。これが認められるのなら，「国家テロリスト容疑者」のフジモリをかくまっている日本に対して，ペルー政府が武力攻撃してもよいことになってしまう。

　このように，アフガニスタンに対するアメリカ戦争はあからさまな国際法違反行為であるが，問題はそれだけではない。武力攻撃に際して，民間人・民間施設に対する攻撃が繰り返されたり，捕虜虐殺や捕虜虐待が行われた疑いが極めて高い。米英軍が「誤爆」と称する被害だけでも，9月11日のテロ

コトカイ難民キャンプでの聞き取り調査（2002年3月20日）

の被害者を上回る4,000人以上が犠牲になったといわれる。これは「予定された誤爆」というべきであろう。また，クラスター爆弾や気化爆弾デイジー・カッターなどの大量破壊兵器が使用されている。家屋や民間人の被害は調査すらされていない。

にもかかわらず，国際社会は米英軍の国際法違反に目を塞いでいる。コフィ・アナン国連事務総長は，アメリカ戦争を容認することで，国連自身が国際法を平然と踏みにじる姿勢を明らかにした。西欧諸国もやがて「連合軍」に加担し始めた。アメリカの強大な軍事力による破壊を恐れたイスラム諸国は沈黙を余儀なくされている。

世界各地の平和運動や，人権・人道NGOは，繰り返し反戦の意思を表明し，爆撃の停止を求めた。また，捕虜虐殺や捕虜虐待の疑いに対して懸念を表明し，調査を要求している。

しかし，アメリカの戦争犯罪を解明するための戦争被害調査は行われていない。それどころか，国連主導による暫定統治政権のもと，戦争被害は放り出したまま，新政権の樹立をめぐる政治抗争に関心が移されている。

人権・人道NGOは，難民支援や帰還事業の支援，さらには3月に起きた

調査団の目的と概要

地震の被害救済に追われている。国連難民高等弁務官事務所も赤十字国際委員会も，難民支援と帰還事業に力を注いでいる。それは当然に必要なことであり，重要な仕事であるが，戦争被害調査を置き去りにするべきではない。アメリカ戦争の被害実態を調査し，民間人・民間施設に対する違法な攻撃や，捕虜虐殺・捕虜虐待の事実を解明し，それを国際法に照らして評価し，責任を追及することが必要である。国連が本来なすべき責任を果たさず，むしろ戦争犯罪の隠蔽に加担している以上，ＮＧＯが役割を果たす必要がある。

そこで私たちは，アフガニスタン難民からの聞き取り調査を行うことによって，アフガニスタンにおけるアメリカの戦争犯罪を調査する作業を開始することにした。

そのためにはアフガニスタンに入って，カブールやカンダハルやジャララバードの戦争被害を調査することが重要である。しかし，2002年3月時点では，残念ながらＮＧＯがそうした調査活動を自由に行う情勢・環境にない。

そこで私たちは，まずはパキスタンに行って，パキスタンにいるアフガニスタン難民からの聞き取り調査を行うことにした。

2 構成とスケジュール

アフガニスタン戦争被害調査団（第一次）は，2002年3月15日から21日にかけてパキスタンでの調査を行った。団員は次の3名である。

前田　朗（東京造形大学教授）

勝井健二（統一の旗新聞社）

高瀬晴久（平和と民主主義をめざす全国交歓会）

スケジュールは次の通り。

3月15日：成田発―イスラマバード着。

　　16日：イスラマバード難民定住区Ｉ−11，クリスチャン住宅。

　　17日：ペシャワールに移動。カイバル峠。

　　18日：カチャガリ難民キャンプNo.4，ニュー・シャムシャトゥ難民キャンプ。

　　19日：ナジャット麻薬リハビリテーション・センター，ペシャワール会。

　　20日：コトカイ難民キャンプ−1。イスラマバードに戻る。

　　21日：アフガン難民を支える会。イスラマバード発―成田帰国（22日）。

3 用語と記述方法

本報告書で用いる用語についてあらかじめいくつか断りをしておきたい。

第1に、以下のような用語を用いるが、用語自体には特別の価値判断を込めないことにする。

「ソ連戦争」——1979年に始まり1989年まで続いたソ連のアフガニスタン侵攻。

「内戦」——1980年代から始まった北部同盟、タリバンなどの権力闘争。

「アメリカ戦争」——2001年10月7日に始まったアメリカ・イギリス連合軍（後に多国籍軍）によるアフガニスタン侵攻。

第2に、ウルドゥー語、パシュトゥン語を始めとする現地語については、現在の日本で一般的に用いられている表記を採用した。現地読みを必ずしも正確に反映していない場合がある。

第3に、国際機関等の呼称・略称も一般的な用法に従った。

第4に、文章の記述方法であるが、必ずしも客観的叙述にこだわっていない。一般に、現地の状況を伝える文章自体、通常は客観的なようでいて報告者の主観を含んでいることが多い。本報告書では、客観的な記述箇所と主観的な印象等の記述箇所が混在しているが、両者が区別できるように配慮した。また、事実関係について確認の取れない情報も含んでいるが、確認の取れた内容と伝聞や推測とを区別できるように表現している。「…という」「…だろう」という表現が用いられているのはそのためである。残念ながら、現在の情勢では一つひとつの事実関係を確認することができないため、未確認情報も含まれていることをお断りしたい。

なお、私たちは短期滞在の訪問者がいきなり難民キャンプへ行って取材して真相を追及できると考えているわけではない。調査の限界は意識している。ただ、第1に、現地へ行って、その雰囲気を肌で感じながら調査することの必要性を痛感している。第2に、日本で出版された多くの著作・資料を事前・事後にフォローしている。第3に、証言についても、できるだけ他の資料や地図で確認する作業を行っている。今できる範囲で努力をしているにすぎない。さらに継続的な調査が必要なことは言うまでもない。

●難民キャンプでの聞き取り調査 ────1
ニュー・シャムシャトゥ難民キャンプ(New Shamshatoo)

場　所：ペシャワール中心部から30キロ東南
人　口：11,224家族，約53,000人
証言者：ナンギャライ（Nangyalai），ビスメラ（Bismellah），長老
訪問日：2002年3月18日

高台の土の家

　ニュー・シャムシャトゥ難民キャンプはペシャワールの東南にあたる。ペシャワール中心部から30キロ近くでジャロザイ難民キャンプ（Jallozai）に出るが，ジャロザイをすぎて，さらに麦畑の一帯を通りぬけると，木も草もまばらな緩やかな丘陵地帯になる。ここの丘を2つほど越えると，高台にニュー・シャムシャトゥ難民キャンプが見えてくる。市販の地図には何も記載がなく，白くなったままの場所である。
　ジャロザイからニュー・シャムシャトゥへの道は，荒れ果てた赤土が続く。ところどころに木があり，雑草が花を咲かせていたりもするが，ほとんどは何もない，ただただ土の地面が続いているだけだ。日本の風景に慣れた者には，荒涼，凄絶，無惨といった言葉しか思いつかないような大地だ。その先

のニュー・シャムシャトゥ難民キャンプも荒涼たる丘の斜面に広がっている。

なお，シャムシャトゥ難民キャンプには，オールド・シャムシャトゥとニュー・シャムシャトゥがある。オールド・シャムシャトゥ難民キャンプは，ヘクマティアル元首相が99年の期限つきでパキスタン政府から購入して設置したもので，表通りは商店も並ぶモデル・キャンプだが，裏へ行くと極貧のキャンプの実態がわかるという。

ジャロザイは80年代からの難民キャンプで，通りに面して市場が形成され，たくさんの店が並んでいる。果物，野菜，肉類はもとより，絨毯，木材，布団，綿，さらには扇風機や冷蔵庫までずらりと並べてある。

それに対して，ニュー・シャムシャトゥ難民キャンプは，1999年12月6日に，300家族がジャロザイから移転してきたことに始まる。ジャロザイがもともと手狭だったために，ここに代替用地として難民キャンプ設置が認められた。それから2年ほどの間に徐々に拡大して，今は11,224家族，人口は約53,000人である。ここにはジャロザイから移転してきた家族，その他のキャンプから移転してきた家族，そして2001年のアメリカ戦争のために逃げてきた家族が住んでいる。一部ではあるが最近，他のキャンプに移転した人や，アフガニスタンに帰った人もいる。

住居は土で造られている。丘陵地にあるため，一番高いところから見ると，かなりの部分が一望できて，住宅の内部構造も見て取れる。1つの区画におそらく1つか2つの家族が居住するのであろう。土の壁が長方形となっていて，その中を仕切っている。屋根のある部分が居室である。屋根のない部分が通路，炊事場，トイレ等であろう。洗濯物を干しているのがよく見えた。また，部屋のなかに布団を敷き詰めている様子も見えた。部屋自体が土でできているので，床も土だが，何かを敷いた上に布団を敷き詰めているようだ。1つの部屋に2組の布団を敷くと，それで一杯である。一部にテントがあった。ここは新しいキャンプなのでずっと家づくりを続けてきている。家が足りないので新しい家族はとりあえずテントに入る。ガイドの話では，「昨年12月に来た時はテントだらけだった。テントは随分少なくなった」ということだった。今も家づくりが続いているので，土の家の建設工程がわかる。地面に盛り土をして，徐々に土を積み重ねて，まずは四方の壁を，そして部屋をつくって，それから木と藁で屋根をかけていく。家づくりは特に職人がい

るわけではなく，みんなで協力してつくっている。

　初めて見る者には土の家自体が驚きであるが，アフガニスタンにせよパキスタンにせよ，土の家それ自体は決して珍しくない。住居はもともと石や煉瓦でつくられている。ただ，難民キャンプの家は手づくりの間に合わせの土の家で，他より貧弱なだけだ。煉瓦も特別な土も使っていない。普通の土をそのまま積み重ねている。四方を壁に囲まれているから，それだけで閉ざされた一つの空間をつくることができ，土と青空の世界である。

　ただ，土の家は雨に弱い。パキスタンは四季の変化があり，夏には雨が降る。雨になると，貧弱な土の家は崩れてしまう。家と家の間の通路も水路と化してしまう。水路となって土砂が流されてしまった場所をいくつも見かけた。このキャンプが高台に設置されているのも，降雨対策であろう。

　ニュー・シャムシャトゥにはＵＮＨＣＲ（国連難民高等弁務官事務所）とＩＲＣ（赤十字国際委員会）の支援があり，看板や壁にその標識や文字がたくさん記載されていた。ＵＮＨＣＲは，主に食糧，井戸堀の協力をしている。キャンプのあちこちに共同井戸があって，子どもたちが水浴びをしていた。ＩＲＣは診療所を設置して医療支援をしている。その他にＮＧＯもコミュニティ・センターなどの支援をしている。キャンプには学校，モスク，コミュニティ・センター，診療所，トレーニング・センター（作業所）が徐々につくられてきた。また，キャンプの中心部にはいくつか売店も並び，生活用品を売っていた。路上で子どもたちにアイスシャーベットを売っている自転車の男性もいた。地雷の犠牲者だろうか，路上では松葉杖の男性を数人見かけた。

ナンギャライ（Nangyalai）さんの証言

　私たちの訪問の前日（3月17日）に到着したばかりの家族がいたので，彼らのテントで取材した。ＵＮＨＣＲのマークのついたテントにはビニールシートが敷いてあり，まだ解いていない荷物が並べてあった。リュックサック4つほどが，この家族の全財産である。3月のパキスタンは暖かで乾燥していて，とても過ごしやすい時期なので，この時期のテント生活はまだしもしのぎやすい方だろう。厳寒の冬や，酷暑の夏には，テント生活は耐え難い苦しさではないかと思いながら，テントに入った。

　インタヴューを始めようとすると，「お茶はいかがか」といわれた。前日に到着したばかりの難民からお茶をご馳走になるわけにもいかないと思い辞

退すると,ガイドが「客にお茶を出すのはアフガニスタンの文化だから断らないで欲しい」という。客人歓待の文化である。そこでお茶をいただくことにした。テントの外でこの家族の主婦が,他の女性たちの協力をうけてお茶を入れてくれた。ありがたくいただいたが,インタヴューには戸主たる男性が出てきて,女性はお茶をいれるというのも,日本と同じ,アフガニスタンの「文化」なのだろうか。他の難民キャンプでもそうだが,どこへ行って取材しても,出てくるのは家長たる男性だ。アフガニスタンもパキスタンも,この点は同じ「文化」のようだ。もっとも,取材するこちら側も男ばかりだし,いきなりやってきて取材するのだから,やむを得ない。女性が一定期間滞在して,難民女性に取材することも必要だ。

　なお,通訳はキャンプに常駐していたパキスタン警察の警官であった。彼は,2001年10月にNHKが取材に来たときにも自分が通訳をしたと言っていた。5カ国語話せるということで,キャンプ常駐の警官よりもいい仕事を求めていて,私たちにもイスラマバードかペシャワールでいい仕事はないかと尋ねてきた。難民取材の場合に,通訳が誰であるかは無視できない問題である。前日にやってきた難民にとって,パキスタンの警官が通訳をするということは,自由になんでも言えるわけではないことを意味する。そもそも外国からの取材者に対して言えることと,言えないことがあるだろうし,まして通訳や,周囲にいる者の反応も気にかかるだろう。こうした制約を乗り越える工夫も必要になってくる。

　証言者は,ナンギャライ(Nangyalai)さんである。

「私はタジク人で,家族は6人です。妻と4人の子どもがいます。カブール(Kabul)に住んでいました。シャリ・ナウ公園(Sharhi Naw ParkまたはShahri Naw Park)の近くです。」

　私たちが持参した市販のアフガニスタン地図にはカブール市街図もあったので,これを広げて探してもらったが,彼は地図の読み方をあまり知らなかった。シャリ・ナウ公園は,独立記念塔や王宮や外務省の西北方向にある。カブールの中心部であり,公園の周囲にはドイツ大使館,フランス大使館,パキスタン大使館などが記載されている。タリバン政権以前,ここに大使館があったということだろう。隣の区域には日本大使館もあった。この近くに住んでいたというので,仕事は何かと思ったら警察に勤務していたという。

戦争被害調査報告

「タリバン政権が倒れた後，様子を見ていましたが危なくなったと思って，3月15日に荷物をまとめて家族そろってカブールを出ました。すでにカブールには家族も親戚もいませんでした。私たちだけでした。私たちが最後に逃げました。カブールから車で出て，ジャララバード（Jalalabad）を経て，ハザール・ナウ（Hazar Now）まで来ました。ハザール・ナウまでは車です。」
　カブールから国道Ａ１号線（グランド・トランク通り）で東へ向かい，ジャララバードを過ぎて，ハザール・ナウまで来たという。ハザール・ナウは，パキスタン国境から20キロほどのところにある。ここからゲルディ（Gerdi），ラルプル（Lalpur）を過ぎると，その先が国境の町トルカム（Towr Kham）である。
　「ハザール・ナウから秘密地点に行きました。そして歩いて山道へ入って国境を越えました。カイバル峠を越えたのではありません。別の山の中を歩きました。道から離れて，山の斜面を登ったり降りたりしました。山越えは2時間かかりました。すごい斜面が続き，でこぼこで危ないところです。おかげで妻は足の状態が悪くなりました。2日と1晩でなんとかジャムラッド・フォート（Jamrud Fort）に着きました。昨日の夜，キャンプに着きました。」
　本人は何か固有名詞を言ったような気がするが，通訳は「秘密の国境（シークレット・ボーダー）」と伝えた。アフガニスタンからパキスタンへ逃げる難民を手引きするための拠点だろうか。
　ジャムラッド・フォートはパキスタン側で，ペシャワールとカイバル峠の間にある。ここから西側がトライバル・エリアであり，パキスタンの法律が適用されず，地元のパターン人の族長が支配している地域である。ハザール・ナウからジャムラッド・フォートまで直線距離は50キロほどだが，国境を越えたパキスタン側は山岳地帯である（カイバル峠は標高1,080メートル）。
　「ジャムラッド・フォートから車でニュー・シャムシャトゥに送ってもらいました。というのも，ここにはすでに知人が来ていることを知っていたからです。他のキャンプには知り合いはいないので，知り合いのいるニュー・シャムシャトゥを希望して，受け入れてもらいました。」
　「カブールから逃げてくる途中の沿線は，あちこちに壊れた家がありました。特にジャララバード周辺はどこも壊れていて，ずっと壊れた家が続いて

いました。逃げてくる時は米軍は見ていません。カブールでは米軍の攻撃がありましたが，逃げてくる途中には見ていません。戦闘はなかったようです。壊れた家を見ただけです。どこもかしこも壊れていました。クラスター爆弾の話は知っていますが，私は使われたところを見たことはありません。クラスター爆弾のことはわかりません。」

「我々は家もなくなり，畑もなくなり，学校も仕事もなくなりました。なにもかもなくなりました。いったいどうやって生きていけというのでしょうか。ここにいれば生きていけるだけの食料はもらえるので，なんとかやっていけるでしょう。しかしここにも大きな問題があります。まずこの暑さは大問題です。しかし，キャンプで暮らすしかないのです。」

こうした訴えを私たちは何度も聞くことになった。

3月中旬のペシャワール地方は昼頃には気温が30度に達していた。乾燥しているので，私たちには過ごしやすい気候だったが，標高1,800メートルのカブールから逃げてきたばかりのナンギャライさんにとっては，暑さもひびいているのだろう。

難民たち

テントに集まってきた男性たちの話も少しだけ聞くことができた。

ビスメラ（Bismellah）さんはクラスター爆弾を見たという。

「カブールの北の地域でクラスター爆弾が使われたのを知っています。カブールからチャリカ（Charikar）へ向かう道路が，マヒジル（Mahigir）への道と別れるあたりの，西の山の麓です。ラマダンの後の10月25日，パルヴァン（Parvan）で車に乗っていた25人が死にました。」

パルヴァンはカブール（Kabul）の北側の州であり，チャリカはパルヴァンで一番大きな町である。カブールから国道A76号線で北へ74キロほどでチャリカである。その途中でマジヒルへの岐路があり，その手前の西側あたりを指さしてくれた。

一人だけパシュトゥン人がいた。彼は農業省職員であった。他は皆タジク人で，農民，学生，パイプ職人，カーペット職人，運転手，外交官警備員であった。

難民が逃げてくるのにお金がかかる話になって，借金か自分のお金かを聞いたときに，元外交官警備員のタジク人は，自分の給料を説明してくれた。

彼は警備員時代45,000アフガニーの給料を貰っていた。さらに，公務員は，電気，ガス，水道が無料であったという。食料も現物支給された。公務員はかなり優遇されていたことがわかる。彼も，証言者のナンギャライさんも公務員であり，それなりのお金を持っていたり，借金をすることができる立場であったことがわかる。

　ブッシュの戦争犯罪を民間法廷で裁くという私たちの目的を説明すると，パシュトゥーン人だけが「ありがとう」といった。他のタジク人たちはうつむきかげんで黙っていたように思う。

長老の話

　この区画の長老とおぼしき老人が次のように話した。

　「ここには2001年10月7日以後に来た新しい難民もたくさんいますが，多くはそのことを言いません。アメリカ戦争が始まると，UNHCRは，トライバル・エリアの国境沿いに新しい難民キャンプをつくりました。パキスタン政府も難民をできるだけ国境付近に送る方針です。リロケーションが進められています。しかし，われわれは親戚や知人がいるからニュー・シャムシャトゥに来たのです。他に移されても困ります。他のキャンプには知人がいないからです。だから，新難民であることを隠している人もいます。」

　難民登録をしていないという意味だろうか。難民登録をしていなければ，家や食料の援助を受けられない。他の難民の協力で食べているのだろうか。

　「ここにいれば生きるだけの食糧はもらえるので，なんとかやってはいけます。しかし，われわれは家もなくなり，畑もなくなり，学校も仕事もなくなりました。キャンプで暮らすしかないのです。何もかもなくなりました。いったい何ができるというのでしょうか。」

　誰もがこうした思いを口々に語る。

　「われわれは故郷が平和になることを望んでいます。ただそれだけです。しかし，今はアメリカが故郷の上にいて戦争をしています。アメリカがアフガニスタンの上にいるのです。私たちは，いつか平和が来ることを願うことしかできません。」

　この日（3月18日），米軍はトラボラ地区でアルカイダと称して16名を殺害した。CNNは「アルカイダ16名を殺した。女性や子どもが含まれるか否かは不明」と報じた。

●難民キャンプでの聞き取り調査 ─── 2
コトカイ難民キャンプNo.1(Kotkai-1)

場　所：ペシャワールから北へ車で3時間
人　口：3,221家族，20,419人
証言者：アブダル・ラシード（Abdul Rasheed），ラル・モハマド（Lal Mohammad），バダム・グル（Badam Gul）
訪問日：2002年3月20日

リロケーション・キャンプ

　ペシャワールから北へ車で3時間ほど飛ばした先にコトカイ難民キャンプがある。3時間といっても途中で2つの山を越える。しかも，トライバル・エリアなので，警備兵の警備がつく。トライバル・エリアとは，パキスタンとアフガニスタンの境界領域に居住していたパターン人などの部族が，パキスタン独立の際にその支配に抵抗して，一定の自治権を獲得した地域であり，それぞれの部族が自治を行っている。従って，国道の上にはパキスタンの法律が適用されるが，それ以外にはパキスタンの法律が適用されない。部族ごとにルールも少しずつ異なる。そこで，私たちのような外国人がここを通るときには武装した警備兵の警備（＝監視）がつく。武装警官4人に先導され

て山を越え，盆地を抜けて，また山を越えた先に，菜の花畑の広がる盆地があり，そのはずれの草木一本ない土だけの大地にコトカイ難民キャンプが設置されている。

コトカイ難民キャンプは，2001年11月19日に始まった新しいキャンプである。第1キャンプと第2キャンプに分けられる。新設の難民キャンプのため，2001年10月に始まるアメリカ戦争による難民キャンプと誤解されがちだが，新しい難民もいれば，それ以前からの難民もいる。アメリカ戦争による難民のために，ジャロザイ難民キャンプが一杯になったため，新しいキャンプを設置して難民を移転することになった。2001年11月19日にジャロザイから300家族が移転したのを手始めに，徐々に移転を進めて，2002年1月までに移転を完了した。2002年3月現在，コトカイには3,221家族，20,419人が住んでいる。すべてパシュトゥン人である。

コトカイと同様の新しいリロケーション（再選定・移転）難民キャンプは，ペシャワールを州都とする北西辺境州だけで9ヶ所ある。

第1管区—バジョール管区（Bajaur Agency）
　1　コトカイNo.1（Kotkai-1）
　2　コトカイNo.2（Kotkai-2）
　3　バルカリ（Barkali）
第2管区—カイバル管区（Khyber Agency）
　4　シェルマンNo. 1（Shelman-1）
　5　シェルマンNo. 2（Shelman-2）
第3管区—クラム管区（Kurram Agency）
　6　オールド・ボグザイ（Old Bogzai）
　7　バス（Basu）
　8　アシュガルーNo. 1（Ashgaroo-1）
　9　アシュガルーNo. 2（Ashgaroo-2）

以上の9ヶ所に約50,000人の難民が居住している。それぞれに1ヶ所病院がある。コトカイはこの中で最大規模である。

ＵＮＨＣＲは，食糧，医療，教育，テント，衛生，コミュニティ・サービ

スなどを提供している。コトカイへの行きにも帰りにも，国連の食糧運搬大型トラックとすれ違った。

キャンプの中に大きなテントがあり，ここが学校とされている。コトカイには7つの共学校，2つの男子校，1つの女子校がある。学年は1年から4年までである。

ここはアフガニスタンへの自発的な帰還を前提とした一時的なキャンプという位置づけのため，土の家ではなく，すべてテントである。あくまで自発的な帰還であって，UNHCR職員は「帰還を強制してはいない」という。実際に数家族帰ったというが，2002年3月段階，帰還はあまり進んでいないようだ。「UNHCR」と書かれたテントがどこまでも連なっている。UNHCRの方針として，家をつくる予定はないという。新しい難民にとってはテントでもしのげるだけいいと言えないこともないかもしれないが，ジェロザイの土の家にいた古くからの難民もここに移転している。土の家からテントに変わって，この冬は厳しくはなかっただろうか。これから迎える夏の暑さは大丈夫だろうかと心配になった。

アメリカ戦争が始まった後に逃げてきた3人の難民の証言を聞くことができた。

なお，通訳は国連難民高等弁務官事務所のスタッフである。

アブダル・ラシード（Abdul Rasheed）さんの証言

「私は75歳になります。ジャララバードで農業を営んでいました。薬草も扱っていました。アメリカ戦争のため，空爆が始まり，ジャララバードにも爆弾が落ちてきました。11月のある日の爆撃で兄弟が2人亡くなりました。村では25人死にました。とても危険なので逃げることにしました。8人家族です。息子たち3人，娘たち4人です。徒歩でまる3日かかって国境に着きました。国境のトルカムを通ってパキスタンに入りました。逃げてくる途中で，1キロほど先に新型爆弾が落ちるのを見ました。酸素がなくなる爆弾も見ました。」

ジャララバード中心からトルカムまでの国道A1号線（グランド・トランク通り）は，比較的平坦ではあるが，距離は78キロである。

ラシードさんの言う「新型爆弾」はクラスター爆弾のこと，「酸素がなくなる爆弾」とは気化爆弾デイジー・カッターのことを指すが，本人はそうい

戦争被害調査報告

う名称は使っていなかった。

「ジャララバードにはもう知り合いはいません。今どうなっているかはわかりません。人から聞いた話だけです。戦闘は今も続いています。タリバンは山に逃げていて，トラボラでは今も2、3名で行動していて，夜になると機会を見つけて攻撃しています。カルザイ政権の下でもし平和になれば，私もアフガニスタンに帰ります。」

ラル・モハマド（Lal Mohammad）さんの証言

「私はパクティア州（Paktia）のセイカラム（Seyyed Karam）という小さな町で育ちました。28歳になります。セイカラムで運転手をしていましたが，1年前に旱魃がひどくて，水も，食糧も，仕事もなくなったので，カブールへ行きました。住んでいたのはカブールのジャマル・メナ（Jamal Mena）です。動物園の近くです。裏山にテレビ塔があったところです。カブールでも運転手をしていました。」

セイカラムは，パクティア州北部の小さな町である。パクティア州の東はパキスタンの北西辺境州である。大きな町はコウスト（Khowst）とガルデス（Gardez）があるが，セイカラムはガルデスから北西へ20キロほどのところである。ジャララバードとガズニ（Ghazni）を結ぶ幹線道路に面しているが，北側は4,000メートルを超える山，南側も3,500メートルに達する山が連なる間の盆地である。ここからカブールまでの距離は120キロほどである。

ジャマル・メナは，カブールの中心部の独立記念塔や王宮から，カブール川に沿ったアサマイ通り（Asamayi Wat）を南西に下ったところにある。北側がコヒ・アサマイ山（Kohi Asamayi）であり，ここにテレビ塔がそびえていた。アサマイ通りが，カンダハル方向へのサラキ・カブール通り（Saraki Kabul Wa Kandahar）と，南へ向かうダルラマン通り（Darulaman Wat）に分岐する手前の，通りとカブール川の間にかつて動物園があった。都心から3キロほどの場所である。

「爆撃が始まったので家族と逃げてきました。逃げ出す2日前にクラスター爆弾が落ちました。家族は12人です。もともと14人家族でしたが，11月に，カブールの基地の近くへの爆撃で兄弟2人が亡くなりました。今の家族は，両親，妻，3人の息子，2人の兄弟とその子たちです。借金をして車に乗ってナンガルハル州（Nangarhar）のダラワンタに来ました。お金は7,000ルピ

ーかかりました。車はトヨタのハイエースです。ダラワンタの空き家で20日間暮らしました。ところが，ここでも爆撃にあいました。夜の1時に近くのバラデン・センターに爆弾が落ちました。そこで再び逃げてジャララバードに着きました。2,000ルピーかかりました。ジャララバードも爆撃でしたので，朝食を食べるとツツビに向かいました。そこまで5,000ルピーかかりました。お金は全部借金です。ツツビから歩いて山を越え，ペシャワールのバラを経由して，ジャロザイ難民キャンプに送られました。1ヶ月すごして，コトカイに移転してきました。」

カブールからジャララバードまでは約150キロ，ジャララバードからトルカムまでは78キロである。ダラワンタとツツビは地図では確認できなかったが，ダラワンタはジャララバードの近くであり，ツツビは国境のトルカムの近くである。

「ダラワンタのバラデン・センターでクラスター爆弾が落ちたのを知りました。私たちが逃げる2日前です。ジャララバードの空港にも落ちていました。私が逃げた直接のきっかけの爆撃はクラスター爆弾ではなく，普通の爆弾でした。」

バラデン・センターも地図では確認できなかったが，ジャララバードの近くとのことである。また，ジャララバードの東南のカメ（Kameh）の手前に空港がある。

バダム・グル（Badam Gul）さんの証言

「私はカブールの北にあるカラバー（Qarah Bagh）の出身で，そこで農業をしていました。28歳です。家族は9人です。母親，妻と息子3人，娘3人がいます。母親は後から合流しました。10月に爆撃が始まりました。カラバーはタリバンの拠点の一つで，軍隊のセンターが6つあったため，米軍はカラバーを激しく攻撃しました。集中攻撃です。そのため，とても人がいられる状態ではなくなりました。毎日，爆撃です。」

カラバーは，カブールとマザリシャリフ（Mazar-e-Sharif）をつなぐ国道A76号線に面している。カブール中心から北へ向かい，ミル・バヘ・ク（Mir Bacheh Kut）を通過して，すぐである。カブールから30キロほどのところである。東西は山であるが，カラバーは比較的平坦なところである。今は米英軍の医療スタッフの施設になっているという。

戦争被害調査報告

「カラバーには300家族が住んでいましたが，去年の10月に60人が爆撃で死にました。それで皆どんどん逃げていきました。カブールへ行くといって出ていったり，パクティアへ行く，ジャララバードへ行くと言って，どの家族も逃げていきました。カラバーからは全員が逃げました。私の兄弟が1人亡くなりました。私も車を借りて，家族を連れて逃げました。ハイエースに数家族が乗り込んで逃げました。途中，カブールに両親を置いてきました。その後，別の車を借りてツツビへ行きました。ツツビからは徒歩でトルカムを経て，ジャムラッド・フォートまで歩きました。そこから車でジャロザイ難民キャンプに送られ，さらにコトカイに移りました。」

「カラバーからカブールまで出て，さらにツツビまで逃げるのに，全部で350,000アフガニーかかりました。これは自分のお金です。借金ではありません。」

「その後，人伝てで，カブールの爆撃により父親と1人の兄弟が死んだと聞きました。私はキャンプにいますから，埋葬はできません。親戚が埋葬していると思います。」

アフガニスタン難民はみな家族単位で行動し，逃げるときには家族を連れて逃げている。家父長制的な家族観も手伝っているのであろうが，非常に家族思いである。難民となって，両親をカブールに置いてきたところ，父親が爆撃によって死亡し，難民キャンプにいる自分は父親の葬式もできないグルさんの思いはいかばかりか。

●難民キャンプでの聞き取り調査ーーー3
カチャガリ難民キャンプNo.4 (Kacha Gari No.4)

場　所：ペシャワール西部
人　口：10,000以上の家族，約80,000人
証言者：学校番号162番の校長，同校教師
訪問日：2002年3月18日

難民間格差

　3月18日，カチャガリ難民キャンプを見学した。当初はコトカイ難民キャンプの見学を希望していたが，この日は不許可であった。理由は直接には前日の17日にペシャワール北部でトラブルがあり，銃撃が行われたことだ。17日はアジア各地で事件が起きていた。イスラマバードではアメリカ大使館の近くの国際プロテスタント教会の礼拝中に手榴弾5発が投げ込まれ，外交官の家族ら5人が死亡し，41人が負傷した。インド・パンジャブではヒンドゥーに対する暴動で2人が死んだ。ネパールではマオイスト50人が殺された。こうした緊張のためもあるのだろう。18日からしばらく，パキスタン・アフガニスタン国境は閉鎖され，18日のコトカイ難民キャンプ見学は不許可となった（20日に許可がおりた）。

戦争被害調査報告

カチャガリ難民キャンプはペシャワール西部にある。ペシャワール市中心部を貫通するカイバル通りを，旧市街からペシャワール・キャントンメントを経て，大学街を抜けて，カイバル峠に向けて走り始めると，通りの北側に広がる難民キャンプに出る。幹線道路に面したキャンプなので，実際には一般の人でも容易に入っていくことができるが，正式には許可をもらう必要がある。私たち調査団は正式の手続きを経て，許可を得て調査に入った。表通りには食料品屋，カーペット屋，材木置き場がひしめくように並んでいる。一見すると，貧しいとはいえ，地元に根づいた商店街のように見える。ジャロザイ難民キャンプと同様，ここは古くからの難民が定着し，生活し，商売をしてきたキャンプである。このため，なかにはアフガニスタン絨毯の商いで一儲けして，ペシャワール市内の独立家屋に居住したり，アパートを借りたりしている豊かな難民もいるという。アフガニスタンにあった絨毯会社が，引き続く戦争のために商売にならず，事業まるごとパキスタンに移転して来たようなものだという話も聞いた。キャンプにいる人の多くは，そうした運と才覚に恵まれず，キャンプに残らなければならない人たちといえようか。それでも難民登録できない事実上の難民よりは恵まれているというし，アフガニスタンから逃れられず難民にもなれない人との比較も話題にのぼるが，誰とどう比較しようが難民である事実には変わりなく，様々な困難に遭遇しながら懸命に生きている人々だ。なお，ここはソ連戦争時から形成され始めたキャンプであり，アメリカ戦争の難民はいない。

　カチャガリの家は，土でつくられたものが多い。土を積み重ねて壁をつくり，木と藁と土で屋根をつくったものだ。中には木材を使った柱と壁の家もあるが，多くは土の家だ。比較的計画的につくられたようで，碁盤の目状の道路の周囲に家々が並んでいる。鶏を飼っている家，子どもたちが走り回っている道路，風にゆれる洗濯物，頭上に壺を乗せた女性たち。そこだけを見ると普通の庶民の生活の光景である。

学校162番

　難民キャンプの学校を見学した。学校番号162番である。まず校長から説明があった。カチャガリには10,000以上の家族，約80,000人が住んでいる。家族はどこも少なくて 5 人，多いところは10人以上いる。カチャガリには200以上の学校があり，すべて通し番号がついている。162番校は，1987年 2

月にドイツ政府の援助のもとに設立された。先生たちは1980年にここにきて，努力の末，1987年に学校設立に至った。

校長先生から説明していただいた。

「生徒は7歳から18歳までで，なかには結婚して子どものいる生徒もいます。生徒数は現在1,334人です。クラスは1年から8年までの32クラスです。入学は必ずしも容易ではありません。というのも，学校に通える生徒の数が限られているので選抜方式にならざるをえないからです。許可の出た生徒について，さらに最終試験を行って入学を決めています。教室は11しかないので，とても不便です。授業は午前のクラスと午後のクラスに分けて2部制で運営しています。」

「先生は全部で33人います。8人はパキスタン人で，ウルドゥー語や英語を教えています。25人はアフガニスタン人（パシュトゥーン人）であり，その3分の1はジャララバード出身です。私もジャララバード出身です。その他の先生はいろんな地域から逃げてきました。コナール（Konar），ロウガル（Lowgar），パクティア（Paktia），パクティカ（Paktika），ガズニ（Ghazni）等です。生徒もほとんどパシュトゥーン人で，タジク人が少しいます。以前，ハザラ人の子が2人いたことがありますが，すぐに近くの別のキャンプに移りました。」

コナールはナンガルハルの北に位置する州で，山岳地帯である。東はパキスタン北西辺境州である。ロウガル，パクティア，パクティカ，ガズニは，カブールの南側の諸州である。

「授業は，歴史，理科，算数，パシュトゥーン語，英語，イスラムを教えています。ノート，テキスト，ペンが足りません。以前，日本から国会議員の松山政司さんと大仁田厚さんが訪問して，ノートの援助をしてくれたことがあります。」

校長先生は2人の議員の名刺を大切に持っていた。

ちょうど6年生の口頭試験の時間だったので，様子を拝見した。担任の先生が手元の問題集の例文を読み上げると，指名された生徒がそれをアラビア語で黒板に書いていく。書いた文章を読み上げる。すると，先生が表記のミスを指摘する。こうした流れで口頭試験が続く。最初の生徒が書いた文の表記ミスを，次の生徒に見つけさせるやり方もしていた。生徒たちはノートも

戦争被害調査報告

テキストも持っていない。校長先生は，終始，資金不足を嘆いていた。

　一人の先生に聞いてみた。

「ジャララバード出身です。ソ連戦争時に家族親戚はみな逃げました。その時，兄と姉は爆死しました。ジャララバードには今は親戚も何もいません。知人もほとんどいません。仮にいても，今ではわかりません。自分はここにきてから一度も祖国に帰っていないのです。若い時にはずっと苦しんでいましたが，子どもたちに教育を施さないといけないと使命感をもつようになりました。今度，暫定統治政権の議長になったカルザイさんは昔は英語教師をしていました。私はカルザイさんから英語を教わりました。賢い先生で尊敬しています。タリバン時代のことは噂では沢山聞いていますが，私は直接は知りません。早く平和になって，自分も祖国に帰りたいと願っています。ここで生まれた子どもたちは祖国を知らないので，祖国に帰って平和に暮らせることを願います。」

　カルザイ議長に英語を教わったという話の真偽は確認していない。ハミド・カルザイ議長は1957年生まれであり，インドの大学で政治学を学んだ後，1980年代にはアメリカに滞在していたとされている。

　学校の門の前にはモスクがあり，礼拝の声が聞こえていた。その裏側には広大な墓地が広がっている。枯れた土に石や盛り土をしてある。ここの埋葬は，遺体を白い布で包んで埋葬する方式だ。目印だろうか，ところどころに旗が立っている。カチャガリ難民キャンプが設立されて20年以上の歳月が流れた。ここにいる若者はみなここで生まれ，祖国を知らずに育った。そして，無念の思いで亡くなっていった多くの難民たちがいる。彼方まで続く墓地に呆然とため息をつく私たちを取り囲む子どもたちは，しかし屈託なくキラキラした瞳を向けてくる。この子たちの未来に思いを馳せると，いい知れぬ怒りと，かすかな希望がないまぜになった複雑な心境になった。

ブッシュの戦争犯罪を裁く

●難民キャンプでの聞き取り調査―――4
イスラマバード難民定住区 I-11 (Islamabad I-11)

場　所：イスラマバード
人　口：約3万家族，約150,000人（推定）
証言者：学校の教師
訪問日：2002年3月16日

イスラマバード郊外の難民区

　ここは1979年に始まるソ連戦争以後にアフガニスタンから逃れてきた難民が定住している地区である。従って，ここには2001年のアメリカ戦争の難民はいない。イスラマバードの行政区画で「I-11」にあたる国有地である。イスラマバードは計画的に設計された近代都市であり，行政区画は「A-4」「B-6」のように，A，B，C……と1，2，3……との組み合わせで表示される。I-11は，都心からもっとも離れた地域だが，イスラマバード市内である。隣のH-11は巨大なゴミ捨て場である。パキスタン政府は難民の居住を積極的に承認しているわけではないが，事実上黙認しているという。首都の行政区域内に巨大な難民定住区が20年にわたって継続・存在していること自体が驚きであった。

戦争被害調査報告

荒涼とした平地に泥を固めてつくった住居が密集している。壁も床も屋根も，土と木と藁で固めてある。住居と住居の間の通路は幅1～2メートルの狭さで，中央は排水溝になっていて，濁った水やゴミが溜まっている。その溝の切れ込みの深さが20年の歴史を物語っている（**写真参照**）。その上のでこぼこの通路だから非常に歩きにくい。人とすれ違うのも大変だ。

車から降りて写真を撮っていると，めざとい子どもたちが駆け寄ってきてポーズをとる。次いで大人たちも集まって，すぐに人だかりになった。狭い通路をうねうねと歩いていくと，子どもたちが追いかけてくる。あちこちに子どもたちが座っている。ところどころでは子どもたちが凧上げをしている。水汲みのブルカの女性とすれ違う。同じような土の壁がずっと続くので，初めての者には，それぞれの違いがわからず，すぐにどこを歩いているのかわからなくなる。

難民居住区学校

やがて，土の家の密集地の真ん中とおぼしきあたりで塀をくぐると，小さな中庭に出た。そこはこの地区のモスクであり，学校を兼ねている。ちょうど男子1年生と男子2年生の授業中だった。女子クラスは休憩中だった。

モスクと学校が兼用なので，モスクがあいている時間が教室になる。ここだけは靴を脱いであがる。中は，縦3メートル横5メートルほどの空間である。学校といっても椅子も机もない。電灯もない。教室は1つだけである。先生は男性3人がいて，それぞれ50歳代，40歳代，30歳代に見えた。子ども

たちは 1 年生が20人ほど，2 年生が20人ほどいた。実際は 2 年生だけで70人ほどいるらしい。休憩中の女子クラスの女の子 5 人ほどが玄関前にやってきて中を覗いている。

まず先生が授業について説明してくれた。

「授業で教えている科目はパシュトゥン語，算数，宗教（イスラム）の 3 科目です。教科書はパキスタンの小学校で使用しているものを使っていますが，数が足りないので数人で 1 冊を使っています。」

1 年生の 5 歳の男の子が宗教科目の暗唱を実演してくれた。次に 2 年生の 8 〜 9 歳の男の子が，教室に 1 つだけある黒板（縦50センチ横 1 メートルほど）に数字を英語とアラビア文字で並べて書いていく。

ソ連のアフガン侵攻から23年。この難民定住区も20年の歴史を刻んでいる。衛生とは無縁といったらいいすぎかもしれないが，土ぼこり，ゴミ，汚水に覆われた，上下水道もなく，電気もない（一部で自家発電しているところがあるとはいうが），まさにスラムである。アフガニスタンの政治情勢が悪化の一途をたどり，帰国の目処も立たず，人々は20年の歳月を土の壁に埋め込んできた。そして，ここで生まれ，難民居住区しか知らずに育った子どもたち。彼らのために懸命の教育を続ける教師たち。

居住区の正確な人口は不明である。約 3 万世帯の家族がいるといわれる。1 家族の平均世帯員数も不明であるが，仮に 5 人とすると15万人が居住していることになる。子どもたちの数を尋ねると，5 万人くらいとのことだったから，やはり全体で10万人以上いるのだろう。

教室の玄関から外の景色を写そうとすると，女子クラスの子どもたちが飛んできてポーズをとる。土ぼこりが舞い上がる。6 〜 7 歳くらいの女の子も，先生にねだってチョークを借りると，黒板に 1 ，2 ，3 と数字を並べ始めた。5 と 6 は正確には書けなかったが，はちきれそうな笑顔で懸命に書いてくれた。

住宅の内部

引越しのために空いている家があるので，見せてくれることになった。学校を出て再び土の壁の通路を右へ左へ歩く。やがて川辺に出た。台地の中央を深々と抉り取るようにして流れる川の水はほんの僅かだ。雨の時期には多量の水が流れ，底を浚っていくのだろう。両岸が高台になっている。対岸の

向こうにも同じように土の壁がずっと広がっている。通路や広場に井戸があったが，水は赤茶けた土色だった。

　1家族または2家族用の住居は，周囲をすべて土の壁で囲まれている。玄関を入った右手に井戸がある。左手に曲がると一応ドアらしきもののついた部分があり，中は小さな部屋である。中庭の部分は屋根がなく，地面に竈がある。他に部屋が3つあるが，いずれもドアはない。床も壁も土であり，天井は木，藁，土を使っている。一番奥にトイレがあるが，地面に穴を掘っただけのものだ。部屋の近くにも室内トイレが1つある。部屋は今は無人なので，土の床のままだ。実際に人が暮らす時には，板やビニールを敷くらしい。それにしても，ここに暮らすということがどういうことなのか，正直いって想像の範囲を超える。日本軍が朝鮮人を強制連行・強制労働してつくらせた地下壕で暮らすのとさして違いがないような気がする。土と青空だけで区切られた世界だ。世界には土の家や石の家は珍しくないが，ここの家はあまりに貧弱だ。ニュー・シャムシャトゥのように新しくつくられているキャンプではなく，20年も続いているというのに。

　帰りがけに土の壁を抜けて道路に出るところに，小さな売店があった。子どもたちが店番をしている。何か焼肉風のものと，果物を並べている。焼肉の元の血だらけの骨と肉が小屋の床下に放置されて，ハエがたかっていた。犬でも飛んでこないかと思ったが，ここでは犬を見かけなかった。そういえば，動物は結構いた。牛，ロバ，馬は荷物運びに使われていた。鶏は自由に走り回っていた。そこだけ見ると，どこにでもある農村の風景だが，ここは農村ではない。農業で生活ができればいいが，そうはいかない。難民男性で才覚と運があれば，イスラマバードで日雇いの仕事ができるが，家族を支えていくのは大変だ。女性や子どもたちは，この限られた空間で人生を送る。これだけの人々が定住してしまった難民定住区――祖国への帰還はまだまだ夢のまた夢だろうか。

●NGOからの聞き取り調査 ─────1
ペシャワール会

設立年：1984年
事務所：ペシャワール
証言者：イクラム事務総長（Ikram Ullah Khan）
訪問日：2001年3月19日

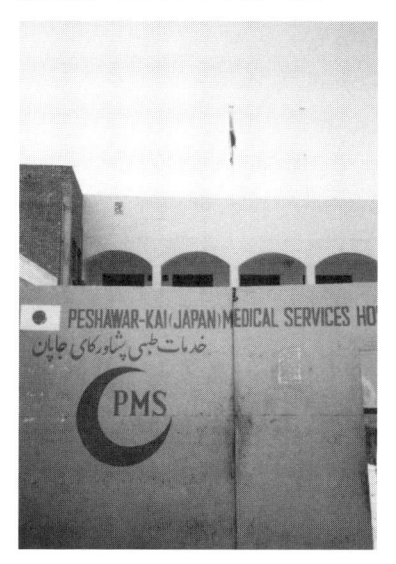

　ペシャワール会は，周知のように，中村哲（医師）を先頭に，中村医師を支援する仲間たちが，1984年より現地活動を開始した医療支援グループである。ペシャワールを拠点に，パキスタンとアフガニスタンに1病院と10診療所を設立し，年間20万人の患者診療を行っているという。

　1986年からはアフガニスタン難民のためのプロジェクトを立ち上げ，無医地区であった山岳部の3診療所を設立した。病院や診療所で患者を待つだけではなく，辺境山岳部に出かけて移動診療も行っている。

　2000年にはアフガニスタンが最悪の旱魃に見舞われたため，医療活動の一環として水源確保のため井戸堀りの計画を進め，600ヶ所を越える水源を現地に実現・確保してきた。そのための現地スタッフ700名，日本人スタッフ2名である。

2001年3月には首都カブールにも緊急診療所5ヶ所を設立して，医療活動に当たっている。
　2001年10月，アメリカ戦争が始まり，大量の難民や避難民の生命の危機が生じるや，「いのちの基金」運動を開始し，小麦粉や食用油の緊急配給を行った。空爆下のアフガニスタンに入っての懸命の食料支援であった。中村医師がアフガニスタンと日本を頻繁に往復し，日本各地を回って，アフガニスタンの惨状を訴えて歩いたことも周知のことである。さらに2002年2月からは第2期「緑の大地」を開始している。

イクラム事務総長（Ikram Ullah Khan）の話

　「現在のアフガニスタンの状況を語る前に，アメリカ戦争前のアフガンについて簡単に語りましょう。いわゆるタリバン政権時代です。タリバン政権時代は，イスラムの法と規則の完全な実践を求めるイスラム国家でした。あらゆる分野で非常に厳格でしたので，それを嫌う人々も出始めていました。とにかく，今や状況は大きく変わりました。
　現在と以前のタリバン時代との違いは，以前のタリバンの軍隊は非正規の志願兵ばかりの軍であったのに，国土の95％を完全に支配していたのに対して，今の軍隊は米・英・独など他国の正規兵の連合軍なのに，タリバン時代ほど国土の支配ができていないことです。以前の方がはるかに治安はよかった。今の治安は以前の半分にも達していません。
　以前は，武器を携帯しなくとも夜でも国内を移動し旅行することができました。全く安全でした。しかし今は，カブールからジャララバードまでだけでも午後からでは移動できません。たいへんな危険が伴います。ルートの安全は保証されません。早朝でも危険です。唯一可能なのは，米軍の偵察機が空から監視している日中だけです。」
　「アフガン民衆の状況について話しましょう。アフガン民衆は，20年以上にもわたる戦争の被害をこうむってきました。ソ連の侵攻，部族間の争い，タリバンと北部同盟の内戦などです。経済的にはアフガニスタンは完全に終わっています。自給できる国内の生産はありません。それはパキスタンやイランなど隣国からの流通に頼っています。民衆の状況は20年戦争で悪化の一途をたどっていました。今回のアメリカの侵攻がさらに悪化させました。アメリカは『小麦や食糧を提供しているではないか』と言うでしょうが，最初

に爆弾を落とし人を殺したあとで，パラシュートで投下される食糧など，誰が快く思うでしょうか。人々はこれらの物資を決して受け取りません。経済が破綻しているアフガンの民衆は疑いなく貧しいですが，気高い自尊心を持っています。アフガン民衆は物乞いをするくらいなら飢え死にすることを選ぶ人々なのです。しかし今，徐々ではありますが，受け取る人も出始めています。『状況が変わって，アメリカがアフガンの主になるかもしれない。それなら，アメリカのやり方を受け入れ従った方がいい』と考える人々です。」

「首都カブールの状況を話しましょう。国際治安支援部隊（ＩＳＡＦ）がいるので，カブール市内は治安がいいと言われていますが，それはどんな治安でしょうか。私はそれを治安がいいとは呼びません。外見上は治安がいいように見えるかもしれません。しかし，これは私が実際に見たことですが，治安部隊の兵はたいへんな緊張感に見舞われています。彼ら自身が安全ではないと感じているのです。彼らはいつも銃の引き金に指をかけたままでカブール市内を警備しています。そして誰一人として彼らに近づくことを許しません。人々の一挙手一投足におびえ，心の中は相当な緊張感です。ほとんどの兵士がそうです。精神的心理的な影響がでるはずだと，私は思います。」

このあたりは，退役少佐のイクラムさんならではの分析といえようか。

「アフガン人も一時的ですが，軍に雇用され訓練を受けています（アフガン国軍の準備）。たいていは北部同盟の人たちです。米英軍が武器の使用法などを教えていますが，それはアフガン固有の方法ではなく，西欧化されたものです。

彼らの中でカブールに住むものは少なく，多くは閉鎖的な地域出身です。それらの地域では，部族の伝統的な慣習を厳しく守っています。そして，部族の司令官の作戦指揮は各部族によって違います。西欧化された訓練を受けたアフガン兵が地域に戻ったときに生じる慣習とのギャップは，ともすれば危険な要素になります。たぶん，部族の司令官との間で不信感やトラブルが発生すると思います。アメリカによるこうした方法での支配は，いずれ困難になると思います。」

「次に，国際社会からのアフガンへの経済援助についてです。基金や医薬品，食糧などが国際社会から届いています。しかし，まず知ってほしいのは，これらの援助物資は米軍に忠誠を誓う人々や支配層にしか届いていません。

ほんとうに支援が必要な人には届いていないのです。いまカブールには，世界から届けられた物資があふれています。なかにはパキスタンより安い商品があるくらいです。ところが，カブールからわずか50キロ，100キロ離れた所では，人々は食料不足で飢えているのです。都市部に住む人々は少数で，大多数は山岳地帯や小さな町・村に住んでいます。これらの人々に食糧や薬が直接手渡せるようにしなければなりませんし，農業をはじめるための設備も必要です。」

「2年続きの旱魃による水不足に対して，ペシャワール会では井戸掘りによる水の供給を手助けしてきました。来月からは，最小の水で収穫をあげるための最新の技術指導などをはじめる予定です。そうすれば，人々は自ら耕作，生産を再開することができ，外国からの援助への依存度は低下します。与えられる食糧は食べてしまえば，次の日はゼロです。人々が援助に頼ることなく，国内で作物や商品を生産するのを可能にしてあげること。これが私たちの主要な役割だと思います。国際社会もこうした支援の方法を考えるべきです。」

「貧困にあえぐ人たちは，食糧とともに医薬品を求めています。とくに不安定な状態に置かれている女性や子どもたちです。私たちは10日前くらいから一つのプログラムを始めました。そうした女性や子どもたちに薬箱を届けることです。しかし，彼らが安定した生活をおくれるために最も重要なことは，生活力の回復です。何もかもが無料で提供されつづけると，人々はお互いに切磋琢磨しながらの自立への努力を止めてしまいます。カブールで今月からミシンのワークショップを始めました。6台のミシンと2台の刺繍ミシンを置いて，8人の女性の先生が16人の生徒を教えています。生徒の選定は慎重に検討して，誰にも頼るすべのない夫を亡くした女性や孤児を選びました。先生だけでなく生徒にも月2,000ルピー支給しています。そして，3か月の研修を終了した卒業生には1台のミシンをプレゼントします。これから後は自分で稼ぎなさい，と。私たちや国際社会がこうした自立や生活力の回復のための取り組みを集中したときに，初めてアフガニタンに平和がもたらされるのだと思います。」

ブッシュの戦争犯罪を裁く

●NGOからの聞き取り調査 ── 2
アフガン難民を支える会

設立年：2001年
事務所：イスラマバード
証言者：督永忠子
訪問日：2001年3月21日

　アフガン難民を支える会は，イスラマバード在住20年になる督永忠子さんが，2001年11月に立ち上げたNGOである。イスラマバードと東京に事務局を置いている。

　難民を支えるための「明日への基金」は，「今日一日を，なんとか生きのびている人達がいる。その人達の命を明日へとつなげたい。アフガニスターンの人達のためだけでなく，この地球に暮らす私達のために明日への希望を失わないように」と訴える。

　「過去20年余りの内戦に続き，この3年間は大旱魃で食べる物がほとんどない状況の上に，大国に蹂躙されたアフガニスターンでは，現在数百万人もの人が飢餓状態におかれています。各国からの援助がまったく届かない中央部アフガニスターンでは，食べる物もなく，雑草を食べ，子どもに何も与えられない母親は，火の気のない鍋に水を入れて掻き回しているだけという悲しい状態です。特にマイナス15度にもなる冬場には，体力のない弱い子どもたちが犠牲になることは必須です」と訴える。

　「ジュースが1本買える120円で12人分のナーン（小麦粉で作った主食のパン）を配ることができます。500円あれば，100人分のナーンを焼くためのアタ（小麦粉）が買えます。」

　アフガン難民を支える会の活動は3つの柱から成る。

　第1に「アフガニスターンで，最も恵まれないハザラジャード（バーミアン）へ食料品と医薬品を援助します」。

　第2に「パーキスターン国内に避難して来たが，難民キャンプへ入れて貰えない人達へ食料品と医薬品を援助します」。

　第3に「難民の子ども達を対象に識字教育を開催します」。

　私たちのパキスタン現地での日程は，アフガン難民を支える会にお願いした。ガイドや運転手の選定をはじめ，難民キャンプ訪問の許可書の取得など

督永さんの協力なしには，今回の調査は実現しなかった。

督永忠子さんの話

　私たちは，東京に戻っていた督永さんと同じ飛行機でイスラマバード空港に到着した。

　「こちらではいつも裸足で歩いていますから，東京のコンクリートだらけの歩道でひざを痛めてしまいました」と言う督永さんは，在パキスタン歴20年。「アフガン難民を支える会」を立ち上げた督永さんからは，貴重なアドバイスをいただいた。

　「アフガン難民といっても，それはもういろいろな難民がいます。なかには，難民を職業にしている人たちもいます。」

　「難民への取材・インタビューをしても，彼らはなかなか本音を語りません。キャンプを管理するUNHCRは，ほとんどパシュトゥン人が仕切っていますし，パキスターン人の通訳やガイドの前ではほんとうのことは言えません。長時間滞在し，現地の言葉で直接話ができるようになれば，内輪の話もするようになるでしょうが。」

　督永さんの「難民といってもいろいろな難民がいる」との指摘は，私たちの「キーワード」のように胸に残り，その後の難民キャンプ訪問や聞き取りの際の基本姿勢となった。

　また，難民キャンプとは別に，イスラマバードのクリスチャン住宅にも行くことができた。パキスタン国籍で古くから住んでいるクリスチャンたちの住宅は，イスラマバードの各所にあるという。近代的計画都市のイスラマバードだが，クリスチャン住宅周辺だけは，まったく別世界の貧困地域である。川べりに密集した貧弱なスラムである。

　督永さんは，「難民にもいろんな人たちがいるし，それだけではなくて，難民と同じか，難民より貧しい暮らしをしているパキスターン人もいるのですよ」と教えてくれた。イスラマバードのイスラム教徒にとっては，クリスチャンのイメージはスラムに住んでいる貧しい人々だという。日本で考えているのとは様相がまったく異なる。これも驚きであった。

　督永さんは「国際法違反のブッシュの無茶苦茶な戦争を正しく報道しないメディア，現実とは異なる報道への違和感」から，ホームページ「オバハンの緊急レポート」を立ち上げ，現場のリアルな実態を発信してきた。「思い切ったことを書いたからか，最近は政府関係者やマスコミからの仕事が減ってきています。でも，全部ほんとうのことを書いたのですよ」と語っていた。

ブッシュの戦争犯罪を裁く

●NGOからの聞き取り調査 ── 3
ナジャット麻薬リハビリテーション・センター
(Nejat Drug Rehabilitation Center)

設立年：1991年
事務所：ペシャワール
証言者：事務局長
訪問日：2001年3月21日

　ナジャット・センターは，1991年夏にペシャワールで，麻薬使用者のアフガニスタン難民等のリハビリテーションのためにスタートした。当初はベット数7つの施設であり，現在は20である。ナジャット・センターの「ナジャット・リハビリテーション・プログラム」は，麻薬使用者を減らし，新たな麻薬使用を予防するために，次の目的のプログラムを開発している。

　①麻薬使用者のためにサービスを提供する。
　②240人の麻薬常用者に治療を提供する。
　③麻薬需要を減少させる。
　④ぶり返しを予防する。

　常用者240名に加えて，家族総計1,680名を対象にして，アフガニスタン人コミュニティの再統合に努力を傾けている。
　当初はパキスタン政府やイギリス政府の支援があったというが，2001年2月の国連のアフガニスタン制裁決議などのため，支援がなくなってきた。ただ，国連麻薬対策会議に行って報告をするようにしているので，NGOからの支援も少しあるという。
　私たちの聞き取り調査の場所は応接室というか，面談室というべきか，壁のポスターには麻薬対策と治療モデルの概念図が掲示してあった。隣の部屋には，治療の実際の写真と，戸棚に並べられた個人ファイルのケースが目立った。
　麻薬患者棟も見せていただいた。1～2週目の部屋では，患者はベッドにほとんど倒れるような形で寝ていた。3週目の部屋，4週目の部屋の患者は座って，話ができる状態であった。その後に，調理，織物，散髪などの社会復帰プログラムも行っているという。患者は成人男性ばかりであった。以前

は子どももいたが，今はいないという。女性や子どもの戦争被害者については，地元のコミュニティに根差した社会復帰訓練をしていたが，麻薬患者の場合は，地元のコミュニティに根差した訓練は困難があるという。

事務局長のお話

「アフガニスタンにおけるソ連戦争やその後の内戦によって流出した難民は，戦争による荒廃とトラウマのために，阿片やヘロインの常用が広まり，多くのアフガニスタン人が麻薬常用と闘うことを必要としています。この四半世紀，アフガニスタン人民は，戦争によって祖国を破壊され，人間的に傷つき，能力の発展を阻害されてきました。アフガニスタン内外で女性や子どもも含めた膨大な人々が麻薬を使用するようになっています。この10年間，ナジャット・センターは，麻薬との闘いのプログラムを開発してきました。」

「ナジャット・センターのリハビリテーション・プログラムは，麻薬使用者については，治療前段階が8週間，治療段階が4週間，フォローアップが1年間です。最初の8週間は，受付登録期間でもあり，麻薬使用を止めるための準備のための講義を行います。麻薬使用者が自ら使用を止める動機を高めることが最大の鍵となります。第2段階では，センターに入院してもらい，教育，個人カウンセリング，集団カウンセリング，家族カウンセリングなどを用いたり，講義，文献資料による学習を通じて，4週間のプログラムを行います。その後のフォローアップ期間はコミュニティに根差した復帰訓練と治療を行い，ソーシャル・ワーク・チームが年6回訪問をします。センターのスタッフは20人です。パキスタン人が1人，アフガニスタン人が19人です。そのうちソーシャル・ワーカーは4人です。センターが治療してきたのは，パシュトゥン人，ハザラ人，ウズベク人など様々です。国境地帯に居住しているアフガニスタン人，難民キャンプのアフガニスタン人，ペシャワールの町に住んでいるアフガニスタン人，そしてパキスタン人にも治療の必要な人々がいます。」

「タリバーン政権が倒れて暫定統治機構になって北部同盟が実権を握ったために，再び麻薬栽培が増えているのではないかといわれています。地雷や爆撃による破壊のため畑の耕作面積が少なくなっており，小麦よりもけしの花を栽培するようになっているのです。どの政権が支配しようと，麻薬対策をきちんと行い，常用者にリハビリテーションを提供する必要性に変わりはありません。アメリカ戦争が始まって流出してきた難民もここに多数来ましたが，今は難民キャンプに行っています。」

ブッシュの戦争犯罪を裁く

まとめと提言

　調査団は僅か1週間のパキスタン滞在の間に，4つの難民キャンプを駆け足で回った。時間の点でも，言葉の点でも，限界のある調査を行ったにすぎない。従って，以上の調査報告から格別の「結論」を引き出すことができるわけではない。そのことを踏まえた上でのことだが，今回の調査の結果として明らかになったことをいくつかまとめておきたい。

　第1に，戦争被害の一端を明らかにすることができた。ニュー・シャムシャトゥ難民キャンプおよびコトカイ難民キャンプにおいて4人の難民に取材することができた。カブール，ジャララバード，カラバーにおける空襲の被害，空襲から逃れる難民の行動様式，国外脱出のための費用，国境を越える方法などを確認することができた。

　第2に，アメリカ戦争がアフガニスタン国内の難民だけではなく，パキスタンにいる難民にも多大の影響を与えていることを知ることができた。アメリカ戦争によって流出してきた難民のため，従来の難民キャンプが手狭になることで，コトカイ難民キャンプなど9つの新キャンプが設置され，従来からの難民もリロケーションの対象となっている。コトカイ難民キャンプは暫定キャンプとされ，家づくりは認められず，すべてテントに居住している。

　第3に，平和な生活を求める難民たちの声を直接聞くことができた。ソ連戦争時代からの難民も，内戦時代からの難民も，アメリカ戦争による難民も，当然のことながら祖国に再び平和な日々が訪れることを願っている。そして，アメリカが軍事力で支配している現状が決して「平和」と両立しないことをはっきりと意識している。

　最後に，今後に向けての課題を確認して「提言」としたい。アフガニスタン復興へ向けての協力や，難民の生活・食料支援や，難民帰還事業への支援

は言うまでもないことなので特に取り上げない。

　第1に、アフガニスタン国内での戦争被害調査の必要性である。破壊された家屋や学校の状況を知り、誤爆であろうとなかろうと空爆によって亡くなった犠牲者を確認する必要がある。すでに国連主導によって、カブールやカンダハルなどの都市では清掃作業が開始されている。壊れた家屋を使えるように修復作業も始まっている。人々が生活していくために当然に必要な作業であるが、戦争被害調査を行わないまま清掃作業を行うことは、戦争犯罪の証拠隠滅と言わざるをえない。早期に現地調査を行う必要がある。

　第2に、パキスタンやイランの難民からの聞き取りも継続することが望まれる。戦争被害の総合的な把握のためには、破壊された家屋の数を調査したり、亡くなった犠牲者の数を確認するだけでは足りない。難民として流出せざるをえなかったこと自体が被害であるから、アフガニスタンの内外において、難民の被害実態をできるだけ明らかにするためには、難民となった人々からの聞き取りが必要である。

　第3に、各国のNGOの情報を集約する必要がある。難民支援NGOは、かならずしも戦争被害調査という関心を有していないとしても、さまざまの情報を保有している。その中には戦争被害に関連する重要情報も含まれている。調査の手がかりとなる情報も含まれているであろう。アフガニスタン、パキスタン、イランなどで活動してきたNGOやジャーナリストの報告を調査し、分析する必要がある。

　第4に、以上の戦争被害調査を前提にして、「アフガニスタンにおけるアメリカの戦争犯罪を裁く民間法廷」を開催することを呼びかけていきたい。長期的には数年がかりでの調査・報告・法廷が予想されるが、当面はアメリカ戦争開始1周年である2002年10月7日に向けて、法廷の呼びかけ、現地調査、情報収集を行っていく共同作業が必要である。

アフガニスタン戦犯法廷起訴状・草案
（ブッシュに対する起訴状）

アフガニスタンにおけるアメリカの戦争犯罪を裁く民間法廷
事件番号2002－1

検察官対ジョージ・ブッシュ

起訴状

　アフガニスタンにおけるアメリカの戦争犯罪を裁く民間法廷検察官は，アフガニスタンにおけるアメリカの戦争犯罪を裁く民間法廷規程に従って，ジョージ・ブッシュを，本起訴状が以下で確認するジュネーヴ諸条約の重大な違反，戦争法規慣例違反たる戦争犯罪で訴追する。

被告人

　1　ジョージ・ウォーカー・ブッシュは，1946年7月6日，コネティカット州生まれであり，父は第41代大統領（共和党，89～93年）のジョージ・ブッシュ，祖父は上院議員であるが，1968年にエール大学を卒業し，1975年にハーバード大学ビジネス大学院を修了した。1975年に石油・ガス探査会社「ブッシュ探査」を創設し，1986年まで最高経営責任者であった。1978年に下院議員に立候補し，落選したが，1994年にテキサス州知事に当選し，2000年12月までその職を勤めた。

　2　ジョージ・ブッシュは，2000年のアメリカ合州国大統領選挙において選出され，2001年1月1日，アメリカ合州国第43代大統領に就任した。

個人の刑事責任

　3　ジョージ・ブッシュは，アフガニスタンにおけるアメリカの戦争犯罪を裁く民間法廷規程に従って，本起訴状記載の通り，アフガニスタンにおける違法な武力攻撃，並びに，戦争犯罪について，それらを計画し，準備し，煽動し，実行したので，個人として刑事責任を有する。本起訴状で「実行した」という場合，検察官は，被告人が自らの身体動作によって一身的にこれ

らの犯罪を行ったということを意味しているのではない。本起訴状で「実行した」という用語は，共犯として共同犯罪実行に関与したことを含む。

　4　ジョージ・ブッシュは，以下で確認される共同犯罪実行に関与した。この共同犯罪実行の目的は，アフガニスタンに違法な空爆を行い，市町村の民間施設や民間家屋を破壊し，民間人であるアフガニスタン人民を殺傷し，アフガニスタン政権を打倒することであった。これらを通じて，ジュネーヴ諸条約の重大な違反，戦争法規慣例違反たる戦争犯罪を実行した。

　5　共同犯罪実行は，2001年10月7日に始まり，2002年＊月＊日まで継続した。この共同犯罪実行に関与したものは，ジョージ・ブッシュの他，チェイニー副大統領，ラムズフェルド国防長官，パウエル国務長官，ブレア大英連邦首相，小泉純一郎日本国首相その他である。

　6　本起訴状の訴因1から訴因5に掲げられた犯罪は，これらの共同犯罪実行の内容を成すものである。

　7　共同犯罪実行の目的を達成するために，ジョージ・ブッシュは，他の者たちと協力して，またはその者たちを通じて，行動した。共同犯罪実行に関与したそれぞれの者は，共同犯罪実行の意図を共有し，共同犯罪実行の目的達成のためにそれぞれの役割を果たした。

　8　ジョージ・ブッシュは，2001年1月1日以来，アメリカ合州国大統領であり，アメリカ合州国連邦軍に対する指揮・命令権を有していた。

　9　アメリカ合州国大統領としての権限により，ジョージ・ブッシュは，共同犯罪実行において上述の人物らに支配または実質的影響を行使し，アフガニスタンに武力行使を行った米英軍に指揮・命令を行った。

　10　ジョージ・ブッシュは，自ら，または他の共同犯罪実行メンバーと協力して，以下の方法で共同犯罪実行に関与した。

　a）彼は，アフガニスタンに対する違法な武力攻撃について，アメリカ合州国軍隊に指揮・命令した。

　b）彼は，アフガニスタンに対する違法な武力攻撃について，大英連邦軍に指揮・命令する権限を有するブレア首相に協力を要請した。

　c）彼は，アフガニスタンに対する違法な武力攻撃について，日本国自衛隊に指揮・命令する権限を有する小泉純一郎日本国首相に協力を命令した。

　d）彼は，アフガニスタンに対する違法な武力攻撃に関連して，アフガニ

スタン人民やイスラム教徒に対する憎悪や民族的偏見を煽る発言を行い，アメリカ合州国内外においてイスラム教徒らに対する憎悪言論や民族差別を引き起こした。

上官の責任

11　ジョージ・ブッシュは，上官としての権限を有する地位にあったので，アフガニスタンにおけるアメリカの戦争犯罪を裁く民間法廷規程に従って，自分の部下の作為または不作為について個人として刑事責任を有する。上官は，もし彼が自分の部下がまさに犯罪を行いそうであるとか，犯罪を行ったと知っていたり，知るべき理由があった場合，上官は部下の犯罪を予防するために必要で合理的な措置をとらなかったり，犯行者を処罰するために必要で合理的な措置をとらなかったなら，部下の犯罪行為について責任を問われる。

12　2001年10月7日から2002年＊月＊日まで，ジョージ・ブッシュはアメリカ合州国大統領として，アメリカ合州国軍隊構成員に対して実効的な支配を有していた。ジョージ・ブッシュの支配のもと，チェイニー副大統領，ラムズフェルド国防長官，パウエル国務長官らはアメリカ合州国軍隊の軍事行動を実効的に支配していた。

13　それゆえ，ジョージ・ブッシュは，アフガニスタンにおけるアメリカの戦争犯罪を裁く民間法廷規程に従って，アフガニスタンにおけるアメリカ合州国軍隊構成員の犯罪への関与について個人として刑事責任を問われる。

告発

訴因1　侵略の罪

14　2001年10月7日から2002年＊月＊日まで，ジョージ・ブッシュは，自ら，または共同犯罪実行メンバーと協力して，アフガニスタンに対する違法な武力攻撃を計画し，煽動し，命令し，実行した。

ａ）米英軍の攻撃は国連憲章51条や安全保障理事会決議を根拠にあげているが，米英軍によるアフガニスタン攻撃は国際法に違反する。自衛権を定めた国連憲章51条は「武力攻撃が発生した場合には，安全保障理事会が国際の平和及び安全の維持に必要な措置をとるまでの間，個別的又は集団的自衛の固有の権利を害するものではない」としている。武力攻撃がなければ自衛権

は発動できないし，武力攻撃のおそれがあるといって「自衛のため」と称する先制攻撃も許されていない。

　b)「9．11」は武力攻撃ではない。国連憲章の要件を最初から満たしていない。

　c) 武力攻撃に対する自衛権行使には緊急性が要件とされている。「事件」から4週間も後の10月7日の段階にはこの緊急性がまったく欠けている。

　d) 国連憲章51条は無制限の自衛権行使を認めていない。安全保障理事会が「国際の平和及び安全の維持に必要な措置をとるまでの間」という限定がある。国連憲章は集団安全保障体制をとっているから，アメリカは安全保障理事会で集団的安全保障のための措置をとるよう主張するべきなのに，安全保障理事会すら無視して攻撃に専念している。

　e) そもそもビンラディンやアルカイダの犯行であるという証拠は示されていないが，仮に相応の証拠が存在したとしても，ビンラディンは民間人であり，アルカイダも政府組織ではない。現行国際法は「テロ集団」を法主体として認めていないから，仮に「テロ集団」による攻撃があったとしても，それは国内犯罪であり，そのようなものとして法的に処理するべきである。国際法上の自衛権の問題ではない。

　f) タリバンが「テロ集団」を「かくまう」行為をブッシュは非難しているが，「テロ集団をかくまう国家」に対してそれだけの理由で自衛権行使による攻撃が許されるわけではない。タリバンが「テロ集団」に命令・指揮を行ったのであれば，タリバン自身が「テロ関与」したことになるが，その証拠もない。タリバンが「テロ集団」の「テロ」を予防しなかったとか，「テロ関与者」を処罰しなかったという意味での国際法上の義務違反があるとしても，それは自衛権行使を容認するものではない。

　15　ブッシュは，アフガニスタンに対する武力攻撃の根拠に安全保障理事会決議をあげている。安全保障理事会は2つの決議を採択した。一つは2001年9月12日の「決議1368」である。この決議は，「9．11」の事件を強く非難し，実行者や組織者を裁判にかけることに協力するよう各国に求めている。もう一つは2001年9月28日の「決議1373」である。後者の決議は，テロ活動に対する資金供与その他の援助を与えないよう各国に求めている。その内容からみて「9．11」に関係のあることは明らかだが，タリバンについ

ての言及すらない一般的な決議である。この決議は，米英の武力攻撃を認容するような内容をまったく持っていない。従って，前者の決議1368が武力攻撃を認める内容か否かが問題となるが，決議を読めばそのような内容が含まれていないことがわかる。

　a）決議1368前文は個別的・集団的自衛権を確認している。しかし，その内容は国連憲章51条であるから，上に述べたことと同じ判断しかできない。憲章51条によってアフガニスタンに対する武力攻撃を正当化することはできない。

　b）決議1368は，「すべての必要な措置をとる用意がある」としている。「すべての必要な措置」とあるから武力攻撃も含まれるというのは正しくない。「米英がすべての必要な措置をとることを認める」とは書いていない。決議の主語は安全保障理事会であるから，「安全保障理事会がすべての必要な措置をとる用意がある」と言っているにすぎない。また，「用意がある」とまでしか言っていない。

　16　以上のように，米英によるアフガニスタン攻撃には国際法上の正当化理由は何一つない。今行われている武力攻撃は違法な武力攻撃である。

　17　国連憲章１条２項は「人民の同権及び自決の原則の尊重に基礎をおく諸国間の友好関係を発展させる」ことを国連の目的としている。２つの国際人権規約に共通の１条１項は「すべての人民は，自決の権利を有する。この権利に基づき，すべての人民は，その政治的地位を自由に決定し並びにその経済的，社会的及び文化的発展を自由に追求する」と規定する。人民の自決権は国連憲章の基本的柱であり，国際人権法の骨子でもある。米英の武力攻撃は，当初のビンラディンの身体拘束からタリバン政権そのものの打倒に急展開した。タリバン政権をどのように評価するか，様々の意見がありうることは確かである。タリバン支配が自由と人権の無視と破壊であったことも伝えられていた。しかし，だからといって米英が武力攻撃によってタリバン政権を打倒してよいことにはならない。どのような政権をもつかはアフガニスタン人民の決定事項である。米英の攻撃によってタリバンが崩壊し，北部同盟を初めとする諸勢力が暫定統治政権を樹立した。しかし，それは，アメリカ軍の実力支配を背景とした，米英＝国連の「傀儡政権」でしかない。それは人民の自決権を否定するものである。

アフガニスタン戦犯法廷起訴状・草案

18　以上により，2001年10月7日に始められた米英軍によるアフガニスタンに対する武力攻撃は侵略にあたる。1929年の不戦条約は，侵略戦争を禁止している。1945年のニュルンベルク裁判条例6条（ａ）は，平和に対する罪を掲げている。同様に，1946年の極東国際軍事裁判条例5条（ａ）も，平和に対する罪を掲げている。1998年7月17日にローマで開催された全権外交官会議で採択された国際刑事裁判所規程5条1項（ｄ）は，「侵略の罪」を犯罪として掲げている。これらの条文において，平和に対する罪や侵略の罪の定義はなされていない。

　参考までに，1974年12月14日に国連総会が採択した「侵略の定義」第1条は「侵略とは，国家による他の国家の主権，領土保全もしくは政治的独立に対するまたは国際連合憲章と両立しないその他の方法による武力の行使であって，この定義に述べられているものをいう」。こうした先制攻撃は侵略戦争であることの証拠であるが，国連安全保障理事会の判断が介在する（第2条）。さらに，「侵略の定義」第3条は，侵略行為の具体例を掲げている。「ａ国家の軍隊による他の国家の領土に対する侵入もしくは攻撃，一時的なものであってもかかる侵入もしくは攻撃の結果として生じた軍事占領，または武力の行使による他の国家の領土の全部もしくは一部の併合」「ｂ国家の軍隊による他の国家の領土に対する砲爆撃，または国家による他の国家の領土に対する兵器の使用」「ｃ国家の軍隊による他の国家の港または沿岸の封鎖」「ｄ国家の軍隊による他の国家の陸軍，海軍もしくは空軍または船隊もしくは航空隊に対する攻撃」等。そして，第5条は「政治的，経済的，軍事的またはその他のいかなる性質の事由も侵略を正当化するものではない。侵略戦争は，国際の平和に対する罪である」とする。

訴因2　迫害

　19　2001年10月7日に始まった米英軍の武力攻撃によって夥しい難民および避難民が発生した。各種の報道によって数字は異なるが，数十万から数百万といわれるほどの多数の難民が，アフガニスタン国内およびパキスタン国境地域に逃げ込まざるをえなかった。パキスタンおよびイランが国境を封鎖したため，多くは難民となることもできず，国内避難民となったと伝えられる。2001年10月17日，国連難民高等弁務官事務所（ＵＮＨＣＲ）は「15日

からの 3 日間で，チャマン峠を越える難民だけで8,000人に達した。避難者の体調は悪化している」と発表した。2001年10月20日，UNHCR現地事務所は「難民は空爆を逃れてパキスタンのバルチスタン州に避難したが，厳冬を前に約 5 万2,000人にテントがない」とした。ユニセフ代表も「空爆で援助が数週間以内に届かなければ，この冬10万人の子どもが亡くなる」と述べている。人道援助 6 NGOも「アフガニスタン内の食料備蓄は 2 週間分しか残っていない」と警告している。2001年11月 1 日，ブラヒミ国連特別代表は「まもなく冬がやってくる。アフガンでは今，40万人が 3 ヶ月分の食料しかなく，90万人は飢餓の危険に面している」と述べた。2001年11月20日，ユニセフ中央アジア地域代表は「マザリシャリフとその周辺には約200万人の衰弱した人々がいる。援助がなければ12万人の子どもが死ぬだろう」と指摘した。2001年12月 5 日，UNHCRは，「米同時多発テロ以降，15万人以上がパキスタンに逃れ，カブール制圧後は 1 万6,000人以上がパキスタンに逃れてきている。カンダハルへの空爆が激しくなったここ数日の難民登録は 1 日あたり30～400家族。隠れて入国する総数はわからない。難民キャンプでの食料，医薬品の不足は深刻である」と明らかにした。2001年12月26日，NGOの「難民を助ける会」は，「アフガニスタン・タジキスタン国境の川の中州には，アフガニスタン・クンドゥーズ州を逃れてきた難民 1 万3,000人がいる。乳幼児の健康状態が深刻である。飲料水の確保は困難であるが，支援を困難にしているのは地雷・不発弾である。NGOメンバー自身も被害にあっている」と述べた。2001年12月29日，世界食糧計画（WFP）は「カブール市民120万人のうち，40万人が援助なしに生きていけない。WFPは108万人を対象に食料援助計画を進めている。米軍の空爆中は援助物資が届かず，最悪の状態だった」と明らかにした。2002年 1 月23日，ユニセフ・アフガン緊急支援プログラム特別代表は「昨年の米軍の空爆期間中は援助が困難であった。子どもたちのために停戦の日が欲しかった。希望は見えたが南部などで治安が悪く援助が届かない。12万人の子どもの死者が出る最悪事態は避けられるものの，現状では数多くの死者が出ること，栄養失調も何百万人ということを忘れてはならない」と述べた。

20　これらの難民は地震や伝染病やその他の自然的理由から発生したのではない。米英による武力攻撃がつくりだしたものである。ニュルンベルク

裁判条例や東京裁判条例以来，人道に対する罪には，殺人やせん滅や奴隷化と並んで，迫害が含まれる。旧ユーゴスラヴィア国際法廷規程とルワンダ国際法廷規程にも人道に対する罪としての迫害が含まれる。今日では，国際慣習法としての人道に対する罪（迫害）が確立している。国際刑事裁判所規程7条の人道に対する罪の犯罪類型は11あるが，そこにも，殺人やせん滅や奴隷化と並んで，迫害が規定されている。以下，国際刑事裁判所規程7条の人道に対する罪の規定の解釈に準拠して検討する。

　ａ）人道に対する罪が成立するためには「攻撃の一環として」行為が行われたことが必要である。「攻撃」概念は人道に対する罪の実行行為の総称であり，犯罪と攻撃の連結が必要とされる。米英の武力攻撃は国際法上の正当化理由なしに一方的に行われた攻撃であり，人道に対する罪の要件としての「攻撃」そのものにあたる。

　ｂ）第2に，「広範な攻撃または系統的な攻撃」が必要である。偶然に同じ時期に起きた攻撃は人道に対する罪にはあたらない。米英の武力攻撃は，すでに2ヶ月にわたってアフガニスタン各地域で行われているから「広範な攻撃」にあたるし，大統領命令等によって軍事行動として行われているから「系統的な攻撃」にあたる。いずれかの要件を満たせば足りるが，ここでは「広範な攻撃かつ系統的な攻撃」の両方の要件を満たしている。

　ｃ）第3に，人道に対する罪は，事前の計画，政策との関連が必要であり，特に「国家政策または組織の政策」が必要である。米英の武力攻撃が国家政策として行われていることは言うまでもない。

　ｄ）第4に，人道に対する罪の成立には「民間住民」に対する攻撃があったことが必要である。軍隊間の交戦だけでは人道に対する罪は成立しない。米英は「民間住民」に対する軍事攻撃をしていないと弁明するであろう。しかし，米英はタリバン政権を認めていないし，アルカイダはもともと政府ではないから，米英の攻撃は軍隊間の交戦とはいえない。タリバン軍をどう見るかは様々でありうるが，少なくとも交戦当事者の主体として認めるべきであるから，その限りでは人道に対する罪の要件を満たさない。しかし，米英の攻撃は都市爆撃をはじめとして，現実には軍事目標から離れて「民間住民」に膨大な被害を及ぼしている。米英の武力攻撃開始当初はともかくとして，攻撃によって難民が発生したにもかかわらず，難民発生を認識しながら，難

民を生じさせないような努力をせずに，武力攻撃を継続しているのであるから，「民間住民」に対する攻撃があったといえる。

　e）第5に，実行者の認識である。人道に対する罪の成立要件としての認識は，通常の犯罪とは異なって2つ必要である。1つは，通常の犯罪と同じ故意（事実の認識）であり，もう1つは行為が民間住民に対する攻撃の一環として行われていることの認識である。この場合，空爆を行う兵士たちの認識も問題となるが，米英の武力攻撃全体について評価する場合，当然のことながらジョージ・ブッシュの認識が問題となる。ジョージ・ブッシュには「民間人」に対する攻撃の「目的」はないかもしれないが，故意（事実の認識）はある。そして，米英軍が事実上，民間住民に対する攻撃を行っていることについての認識もある。

　f）第6に，人道に対する罪としての迫害である。国際刑事裁判所規程7条2項（g）が「集団の同一性のゆえにまたは集団的に，国際法に違反して，基本的権利を意図的かつ著しく奪うことを意味する」としている。もっとも，国際刑事裁判所規程7条1項（h）は「政治，人種，国民，民族，文化，宗教，性別に基づき，またはその他国際法において許容されないものとして普遍的に認められた理由に基づき」としている。旧ユーゴスラヴィア国際法廷のタディッチ事件一審判決は，国際刑事裁判所規程以前に，「迫害」の定義がないことを指摘したうえで，国際文書や学説をもとに検討を加え，コザラッチに対する攻撃，民間人収容のための捜索，選別，分離，強制移送，殴打と殺害などによる基本的権利の享受の侵害を「迫害」の要件として検討している。その後，タディッチ事件控訴審判決，クプレシュキッチ事件一審判決，ブラシュキッチ事件一審判決，ルワンダ国際法廷のムセマ事件一審判決などの例がある。

　g）結論として，国家政策に基づいて，アフガニスタン民間住民に対する広範な攻撃かつ系統的な攻撃が行われた。ジョージ・ブッシュはその命令を出し，米英軍による攻撃の結果として大量の難民が発生し始めたにもかかわらず，そのことを知りながら，さらなる難民発生の具体的危険性がきわめて高いにもかかわらず，攻撃を継続させたのであるから，ジョージ・ブッシュは人道に対する罪としての迫害を行った。

訴因 3 戦争犯罪（民間人攻撃，民間施設攻撃）

21 第 1 に，クラスター爆弾の投下である。「ぶどうの房」を表すクラスター爆弾とは，1つの親爆弾に数百の子爆弾が詰め込まれたもので，空中で親爆弾が破裂し，中の子爆弾がパラシュートで広範囲にばらまかれる。子爆弾は地上に着弾して爆発し，無差別に殺傷する。親爆弾1つでいくつものサッカー場の範囲に被害を及ぼすという。不発弾も多数残り，後になってこれに触れたために爆発することもあり，民間人に被害が生じる。2001年10月23日，国連アフガニスタン調整官事務所の報道官は「23日未明，米軍がヘラート近郊の住宅地域にクラスター爆弾を使用」と公表した。10月25日，英国慈善基金「ダイアナ基金」，ノーベル平和賞受賞の「地雷禁止国際キャンペーン」英国組織が連名で米英政府に，アフガニスタンでのクラスター爆弾の投下中止を要求した。2001年11月18日，米人権NGOのヒューマン・ライツ・ウォッチは「空爆開始後11月8日までに落とされたクラスター爆弾の子爆弾数 7万7,000発のうち5,000発が不発と推計される。触れた子どもの死傷を案ずる」と指摘した。2001年12月20日，国連アフガン調整事務所報道官は「米軍はアフガン全土にクラスター爆弾1,200発を投下した。それぞれ200個の子爆弾を散布し，その不発弾がアフガニスタン全土に24,000発残っている可能性がある」と述べた。

22 第 2 に燃料気化爆弾デイジー・カッターの投下である。デイジー・カッターは，投下されると半径500メートル以内では気化燃料と酸素が爆発的に化合して，呼吸する生物は窒息死するうえ，急激な気圧低下により眼球や内臓が破裂するという。通常兵器では最大の無差別対人兵器である。2001年11月6日，米統合参謀本部副議長は「デイジー・カッターと呼ばれる爆弾を2発，アフガン北部に投下した」と認めた。2001年11月23日，米中央軍司令部は「21日にデイジー・カッターをカンダハル南部に投下した」と公表した。2001年12月10日，米国防総省は，トラボラ地区の洞窟攻撃にデイジー・カッターを使用したことを明らかにした。

23 第 3 にバンカーバスター大型特殊爆弾の投下である。バンカーバスターは地下約30メートルまで貫通し，厚さ30センチメートルのコンクリートを破壊できるとされる。2001年10月10日，米国防総省は「米軍はバンカーバ

スター大型特殊爆弾を10月9日に使用した。今日中にさらに使用する計画だ」と発表した。

24　以上の特殊兵器だけではなく，大規模攻撃により民間住宅や民間施設に被害が発生した。2001年10月9日，地雷除去活動を行なうＮＧＯ現地スタッフの4人が報復攻撃で死亡した。ＣＮＮテレビが「カブール近郊など3カ所で巡航ミサイルが住宅地域に着弾した。死傷者数十人。ジャララバード約60％，カブール約30％の住民が空爆を避け地方に逃れた」と報道した。2001年10月26日，赤十字国際委員会は「カブールの赤十字倉庫2棟が米軍爆撃で破壊された」と報告した。2001年11月16日，米中東軍司令部は「16日にアフガニスタンで投下したレーザー誘導230キロ爆弾が標的をそれモスクに被害が出た」とした。イスラム通信によれば，民間人11人が死亡した。2001年12月22日，英ＢＢＣ放送は「米軍は東部の町ホスト付近で，新政権発足式典に向かう途中の部族長らの車列を爆撃。65人が死亡した」と報じた。2001年12月27日，イスラム通信は「米軍機が27日，アフガニスタン東部の村を爆撃し，民間人少なくとも25人が死亡，4人が負傷した。死者の大半は女性と子どもである」と報じた。2002年1月1日，ロイター通信は「パクティア州カラエニアジの村民によると，12月30日朝，米軍機が同村を空爆した。村民によると爆撃機1機，戦闘機1機，ヘリコプター2機が参加。107人が死亡したほか少なくとも10人が負傷した」と報じた。2002年1月4日，イスラム通信は「パクティア州への3日の空爆で住民32人が死亡した。この地域には民間人しかいない」と報じた。イスラマバードの国連情報センターは「12月29日に行われたパクティア州カラエニアジ村空爆でも女性10人，子ども25人を含む民間人ばかり52人が死亡し，3人が負傷した」ことを明らかにした。2002年1月11日，アフガニスタン東部4州で構成するジルカ（地方議会）は「米軍はトラボラ地区でのビンラディン氏捜査を打ち切った後も，ザワル地区に激しい空爆を加えた。暫定政権発足以来でも，民間人200人前後が犠牲になっている。この地域にはタリバンやアルカイダは存在しない。米軍調査団の派遣を要求する」と声明を出した。

25　2001年12月23日，マーク・ヘロルド米ニューハンプシャー大学教授は，空爆による民間人犠牲者数を，攻撃時間と場所を特定しながら調査した報告書を公表した。「10月7日から12月6日までの空爆による一般市民の犠

牲者は少なくとも3,767人に上っている。これらは何によってもたらされたのか？それは，米軍の戦略家たちが明かな故意に基づいてアフガンの人口密集地域にミサイルを撃ち込み爆弾を落とした，ということによって説明がつく」としている。2002年1月6日，マーク・ヘロルド教授は，空爆での犠牲者数調査の2回目報告で「空爆開始から12月29日までの空爆での，アフガニスタン民間人の犠牲者数は4,000人前後」と分析している。

　26　軍事目標中心主義からいって，このような事実上の無差別爆弾は国際人道法に違反する。例えば，国際刑事裁判所規程8条の戦争犯罪の諸規定を参照すれば，次の行為は戦争犯罪である。「一般住民または敵対行為に直接参加していない民間の個人に対して意図して攻撃を加えること」，「民用物すなわち軍事目標ではない目的物に対して意図して攻撃を加えること」，「過剰な傷害もしくは不必要な苦痛を生じさせる性質を帯び，または武力紛争に関する国際法に違反してそもそも無差別な性質を帯びた兵器，投擲物および物質ならびに戦闘手段を使用すること」。戦争に関連する国際人道法の基本原則として知られる「ピクテの諸原則」の発案者である国際赤十字のジャン・ピクテは，次のような原則を掲げている。「軍事的必要性と公共秩序の維持は，常に人間の尊重と両立されなければならない。」「紛争当事者が，戦争の手段と方法を選択する権利は無制限ではない。」「一般住民および個々の文民は，軍事行動から生じる危険に対して一般的保護を享有する。」「紛争当事者は，文民を保護するために，あるいは少なくとも傷害や損害をできる限り最小限にするために，あらゆる可能な措置をとること。」「攻撃は厳密に軍事目標だけに限定されなければならない。」「無差別攻撃は禁止する。」「期待される具体的かつ軍事的利益に比べて，文民および民用物に過度な損失や傷害，および損害を及ぼすような攻撃は禁止される。」これらの規定と諸原則からいって，米英軍によるクラスター爆弾，デイジー・カッター，バンカーバスターの投下や，民間住宅地域への爆撃は戦争犯罪である。

　なお，米軍は「誤爆」という説明をしている。ＮＡＴＯ軍によるユーゴ爆撃に際しても「誤爆」という言葉が頻繁に使われたが，今回も同様である。米英軍は，あたかもやむをえなかった「誤爆」であるかのように説明するが，非常に多くの「誤爆」が繰り返されている。少しでも国際人道法を守る政治意思があれば，爆撃を中断し，その頻度や方法を再検討するべきである。に

もかかわらず，爆撃を中断することも，方法を再検討することもなく「誤爆」を繰り返しているのは，「予定された誤爆」だからではないかと疑うべきである。予定された誤爆によって民間人に被害が生じれば，それもまた戦争犯罪である。個々の兵士には「予定された誤爆」を行う意図はないとしても，誤爆の事実を知りながらそうした爆撃を命じている軍首脳部には戦争犯罪の責任を問うべきである。

訴因4 捕虜虐殺

27 カライジャンギの捕虜収容所で起きた「暴動」で捕虜のタリバン兵士数百人が殺害された。メアリ・ロビンソン人権高等弁務官は，2001年11月30日，ジュネーヴ条約に照らした国際的な調査が必要だと述べた。アムネスティ・インターナショナルも，違法な捕虜殺害ではないかと警告を発している。

28 1949年の捕虜の待遇に関するジュネーヴ条約は，捕虜の定義，捕虜の一般的保護，抑留，捕虜の労働，捕虜たる身分の終了など詳細に規定している。また，1977年のジュネーヴ諸条約第一追加議定書も捕虜に関する規定をもつ。国際刑事裁判所規程8条には，次のような捕虜に対する戦争犯罪規定がある。「故意による殺害」，「生物学的実験を含む拷問または非人道的な取扱い」，「身体または健康に対して故意によって重大な苦痛を引き起こしまたは重大な傷害を与えること」，「捕虜またはその他保護された人から公正かつ正規の裁判を受ける権利を故意に奪うこと」。先のジャン・ピクテは次のように述べている。「投降した敵はその生命を保護される。」「いかなる者も，法の下に一個の人間として認められる権利がある。」「戦時の拘束は処罰ではなく，敵に害敵行為をさせないための手段である。」「捕虜は，それを捕らえた軍隊の権力内ではなく，その国家の権力内におかれる。」

訴因5 捕虜虐待

29 2002年1月19日，米軍がキューバ・グアンタナモ海軍基地に収容している「テロ容疑者」の扱いが「非人道的」との国際的批判が高まり，英国議会人権委員会は米政府に公式の説明を求めることを決めた。ジョージ・ブッシュは，「テロ容疑者」は「捕虜」ではなく，ジュネーヴ条約を適用しな

いとした。国際的批判が高まると，ジュネーヴ条約は適用するとしたが，「テロ容疑者」は捕虜ではないと唱えつづけている。

30　アフガニスタンで捕虜にしたアルカイダ兵をキューバに連行すること自体が疑問である。ジュネーヴ条約を適用しないと公言しての国際法無視である。しかも，虐待の疑いが指摘されている。

31　ジョージ・ブッシュは，「捕虜」ではなく「テロ容疑者」だとするが，アメリカにはアフガニスタンで犯罪捜査を行う権限がなく，まして「テロ容疑者」を国外に連行することは許されない。「捕虜」でないならば，国際人道法が適用されないとすると，国際人権法が全面的に適用されるべきである。世界人権宣言3条は自由および身体の安全を保障し，5条は非人道的な待遇を禁止している。9条は恣意的逮捕を禁止し，13条は移動および居住の自由を保障し，自国に帰る権利を規定する。自由権規約（市民的及び政治的権利に関する国際規約）7条は「拷問又は残虐な，非人道的な若しくは品位を傷つける取扱い」を受けないとしている。9条は身体の自由と，逮捕の手続きを詳細に規定している。10条は自由を奪われた者は人道的にかつ人間の固有の尊厳を尊重して取り扱われるとする。12条は移動および居住の権利と自国に戻る権利を保障している。さらに，拷問等禁止条約（拷問およびその他の残虐な，非人道的な若しくは品位を傷つける取扱い又は刑罰を禁止する条約）は，拷問その他の取扱いについて定義を施し，第2条2項は「戦争状態若しくは戦争の脅威，国内の政治的不安又はその他の公の緊急事態であるかを問わず，いかなる例外的な事情も，拷問を正当化するために援用することはできない」としている。

● 起訴状・添付資料
アフガニスタン関連年表

1973年 7月　無血クーデターでザヒル・シャー国王が国外追放に。
1979年12月　**ソ連軍が侵攻開始**（ソ連戦争始まる）。
1980年 1月　国連安保理，ソ連アフガン撤退決議案，ソ連の拒否権行使。
1981年 6月　反政府ゲリラ，大同団結し新組織。
1982年11月　国連総会，ソ連撤退要請決議。
1985年 3月　ソ連チェルネンコ書記長死去，ゴルバチョフが後任。
　　　 5月　アフガン・ムジャヒディン・イスラム同盟結成。
1986年 4月　米国，地対空ミサイル・スティンガー200基をゲリラ側に供与。
　　　10月　ソ連軍撤退始まる。
1987年 2月　米国，スティンガー150基追加供与，アフガニスタンへの軍事援助予算6億ドル。
　　　11月　アフガニスタン共和国に国名変更，ナジブラ革命評議会議長が大統領に就任。
1988年 4月　国連監視団，パキスタン入り。
　　　　　　アフガニスタン和平協定。
1989年 1月　**アフガニスタン内戦激化**
　　　 2月　ソ連軍撤退（ソ連戦争終わる）。
1992年 4月　ガリ国連事務総長，アフガニスタン和平提案，イスラム党，これを拒否。ナジブラ大統領辞任，国連安保理非公式協議。
　　　　　　反政府10派，暫定評議会樹立へ，カブールを無血制圧。
1993年 1月　ラバニ指導評議会議長が大統領に就任。
　　　 2月　ニューヨークの**世界貿易センタービル爆破テロ**。
1994年11月　イスラム原理主義組織タリバンが台頭，南部を中心に支配拡大。
1995年 2月　タリバン，マイダンシャル占領。
1996年 9月　タリバン，パグマン州，クナール州，カブール制圧。
　　　　　　タリバン暫定政権が発足。
　　　10月　マスード将軍，ドスタム将軍，イスラム統一党（ハリリ派），軍事同盟結成。
　　　　　　国連安保理，アフガニスタン即時停戦決議。
1997年 5月　パキスタン，タリバン政権を承認。
　　　 7月　反タリバン北部同盟，バグラム空軍基地制圧。

1998年
8月　ケニアとタンザニアの米大使館爆破テロ。
　　　タリバン，マザリシャリフ制圧，全土の9割掌握。
　　　米国がスーダンとアフガニスタンにミサイル攻撃。
　　　アラブ連盟，米軍のスーダン攻撃に抗議。
　　　南ア・ケープタウンのレストラン「プラネット・ハリウッド」爆破事件。
9月　イラン，アフガニスタン国境で大演習。
　　　タリバン，バーミヤンに大規模攻撃，マザリシャリフで数千人虐殺。
10月　タリバン，ビンラディン犯人の証拠があれば裁判にかけると言明。

1999年
1月　国連安保理，タリバンに国際テロリストの裁判を要請する声明。
2月　バーミヤン遺跡の仏像破壊確認される。
3月　タリバンと反タリバン勢力，国連仲介の和平交渉（4月に決裂）。
7月　クリントン米大統領，アフガニスタン経済制裁令。
10月　国連安保理，ビンラディン引渡し要求決議。
11月　パキスタン・イスラマバードで米大使館，米文化センター爆発事件。

2000年
6月　アフガニスタン国連事務所，大旱魃緊急援助を訴え。
10月　シリア・ダマスカスで米大使館襲撃事件。
　　　イエメン・アデン港で米駆逐艦に対する爆破テロ。
11月　国連仲介で和平交渉再開。

2001年
2月　アナン国連事務総長，アフガニスタン人道援助訴え。
　　　オマル最高指導者，彫像破壊令。
3月　国連総会，仏像破壊停止要請決議。
5月　タリバン，国連事務所閉鎖通告。
6月　米軍，中東でテロ情報を得て艦船待避。
7月　国連安保理，タリバン監視委員会設置決議。
9月11日　**「9.11」「同時多発テロ」事件**。ニューヨーク世界貿易センタービルに航空機2機が激突。国防総省にも航空機が激突。ピッツバーグで航空機墜落。センタービルは炎上崩壊。国防総省ビルも一部崩壊。4機は「テロリスト」にハイジャックされた。
9月12日　ブッシュ大統領は「これはテロというより戦争行為」「宣戦が布告された」と声明。パウエル国務長官，「オサマ・ビンラディン氏が容疑者の一人であり，アフガンにいる」。
9月14日　ブッシュ大統領が全米に国家非常事態を宣言。
9月17日　ニューヨーク市「テロの犠牲者5,623人」と発表（後に訂正される）。
9月18日　小泉首相，対米軍事支援に関し，新規立法の制定も含めた具体策の検討を与党に指示。
9月20日　アフガニスタンのタリバン聖職者会議がビンラディン氏の自発的国外退去を求めると決定したが，ブッシュ大統領は「アルカイダの指導者全員を米

	当局に引き渡さなければ，アフガンを武力攻撃する」と述べた。
9月24日	ユニセフなど国連機関が共同声明，「タリバンの人権侵害や米軍報復を恐れ，大量の難民が流出する恐れがある。500万人以上の民間人が生存の危機にある」。
10月5日	日本政府が「テロ対策特別措置法」「自衛隊法改正案」を国会上程。
10月7日	アフガニスタン7日夜（日本時間8日未明），**米英軍，アフガニスタン攻撃開始**。
10月8日	国連米大使，国連安全保障理事会に「米国は対テロ作戦でアフガニスタン以外の国をも武力報復の対象にする可能性がある」と公式に伝達。アナン国連事務総長，この書簡に懸念を表明。
10月9日	アフガニスタンで国連とともに地雷除去活動を行なうNGO現地スタッフの4人が報復攻撃で死亡。米CNNテレビが「カブール近郊など3カ所で巡航ミサイルが住宅地域に着弾。死傷者数十人。ジャララバード約60％，カブール約30％の住民が空爆を避け地方に逃れた。これを阻止しようとタリバン部隊が銃撃したとの情報もある」と報道。また，イスラム諸国会議（56カ国）緊急外相会議が「テロとの戦いは罪のない民間人を対象にすべきでない」と声明を出した。
10月10日	米国防総省発表「米軍は**バンカーバスター大型特殊爆弾**を9日に使用した。今日中にさらに使用する計画だ」。
10月11日	米英軍，これまでで最大の空爆。タリバン駐パキスタン大使「11日までに170人以上が犠牲になった。**死者のほぼ全員が民間人**で，大半は女性・子ども・老人だった」と発表。パキスタン外務省「民間人の犠牲が出ていることは極めて遺憾」。
10月16日	カリフォルニア州バークレー市で，市議会が米軍によるアフガニスタン攻撃の早期終結を求める決議を採択。「貧困や飢餓，病気，あるいは圧迫と隷従といった，人々をテロ行為に駆り立てるような環境に立ち向かい，打ち勝つために，我々の政府が世界中の政府と連携し，最大限の努力を払うよう求める」。
10月17日	国連難民高等弁務官事務所（UNHCR）「15日からの3日間で，チャマン峠を越える難民だけで8,000人」。人道援助6NGOも「アフガニスタン内の食料備蓄は2週間分しか残っていない」と警告。
10月18日	日本衆院本会議で「テロ対策特別措置法案」が可決。
10月20日	パキスタン南部チャマンの国境検問所からの情報「報復攻撃を逃れてきた難民が20日に続き21日も国境線を強行突破。警官隊と衝突。避難民はなお約1万5,000人が検問所近くに集結している」。
10月23日	国連アフガニスタン調整官事務所の報道官「23日未明，米軍がヘラート近郊の住宅地域に**クラスター爆弾**を使用」。
10月25日	英国慈善基金「ダイアナ基金」，ノーベル平和賞受賞の「地雷禁止国際キャンペーン」英国組織が連名で米英政府に，アフガニスタンでのクラスター爆弾の投下中止を要求した。
10月26日	赤十字国際委員会「カブールの赤十字倉庫2棟が米軍爆撃で破壊された」。

アフガニスタン関連年表

10月30日	参院本会議で「テロ対策特別措置法案」「自衛隊法改正案」が可決。
11月1日	ブラヒミ国連特別代表,「まもなく冬がやってくる。アフガンでは今,40万人が3ヶ月分の食料しかなく,90万人は飢餓の危機に面している」。
11月2日	国連アフガニスタン調整事務所報道官,「ヘラートで米軍の攻撃によって国連傘下のNGOが運営する3つの診療所,2つの民間事務所が破壊された」。
11月6日	米統合参謀本部副議長,「**デイジー・カッター**と呼ばれる爆弾を2発,アフガン北部に投下した」。
11月7日	米国務長官,「タリバン政権を打倒する軍事作戦が完了すれば,次は世界のテロ撲滅へイラクなど他の国にも照準を合わせる」。
11月9日	日本政府,護衛艦など3隻をディエゴガルシア島に向け派遣。
11月13日	タリバン軍カブール撤退。米軍特殊部隊,カブール近郊でオサマ・ビンラディン氏捜索開始。
11月15日	ペシャワールの英字紙フロンティアポスト,「反タリバン連合が敗走するタリバン兵1,700人を虐殺した可能性がある」と報道。
11月16日	アフガン・イスラム通信,「**タリバン少年兵100人の虐殺**」。 米国務長官「投降しないタリバンや移動しているアルカイダを殺害している」と戦局のゲリラ化を表明。米中東軍司令部「16日にアフガニスタンで投下したレーザー誘導230キロ爆弾が標的をそれモスクに被害が出た」。 日本政府臨時閣議で「テロ対策特別措置法案」に基づき,米軍支援の中味をまとめた「基本計画」を決定。内容は「補給・輸送,修理・整備,医療,港湾業務の協力活動」「捜索救助活動」「被災民救援活動」の3点。
11月18日	米人権団体ヒューマン・ライツ・ウォッチ,「空爆開始後11月8日までに落とされたクラスター爆弾の子爆弾数7万7000発のうち5,000発が不発と推計される。触れた子どもの死傷を案ずる」。アフガン・イスラム通信「空爆で16日夜から18日にかけて140人近くが死亡。犠牲者は神学校の学生や遊牧民」。
11月20日	北米イスラム女性評議会議長「同時テロ事件後米国で急増したイスラム教徒に対するヘイトクライム(人種差別に由来する憎悪犯罪)は人権擁護団体試算で1,000件を越える」と発表。 小泉内閣,「国連平和維持活動(PKO)法改正案」を国会上程。
11月23日	米中央軍司令部「21日に燃料気化爆弾(**デイジー・カッター**)をカンダハル南部に投下」。
11月30日	戦後初めて自衛隊を米軍の戦闘地域に派遣する国会承認案件,参院本会議で可決・成立。
12月2日	自衛隊の補給艦が2日にインド洋上で米海軍の補給艦に給油。
12月5日	UNHCR,「米同時多発テロ以降,15万人以上がパキスタンに逃れ,カブール制圧後は1万6,000人以上がパキスタンに逃れてきている。カンダハルへの空爆が激しくなったここ数日の難民登録は1日あたり30—400家族。隠れて入国する総数はわからない。難民キャンプでの食料,医薬品の不足は深刻」。

ブッシュの戦争犯罪を裁く

12月5日	ボンで開催されたアフガニスタン各派代表者協議会，暫定行政機構に最終合意。議長（首相）にカルザイ氏。
12月6日	タリバンの最高指導者オマル師，「アフガン暫定機構のカルザイ議長（首相）にアフガン南部三州の明け渡しに合意し，武器を引き渡す」。
12月7日	小泉首相，「有事法制早期立法化をめざす」。
12月8日	米軍，オサマ・ビンラディン氏潜伏先と見られるナンガハル州山岳地帯のトラボラに大規模空爆を開始。
12月10日	中谷防衛庁長官「有事法制の整備について次の通常国会で議論したい。3月下旬から4月上旬をめどに関連法案を提出，成立させたい」。 米国防総省，トラボラ地区の洞窟攻撃に，燃料気化爆弾（**デイジー・カッター**）を使用したことを明らかにした。
12月16日	「東部評議会」，トラボラ「完全制圧」宣言。
12月17日	米国防長官，完全制圧宣言を疑問視。米軍はアルカイダがたてこもるトラボラ山岳地帯に爆撃機などで大規模攻撃を続行。 米統合参謀本部長が「トラボラ地区への猛攻にもかかわらず，オサマ・ビンラディンらアルカイダ幹部の所在不明」と述べた。ブッシュ大統領が「ビンラディン拘束は明日，1ヶ月後，1年後かもしれないが，必ず裁きを受けさせる」と述べた。
12月19日	国防総省の米連邦議会への報告書「地下に隠されている生物・化学兵器を破壊するために小型核兵器開発が必要」「爆発力五キロトン（広島型原爆は15キロトン）の新型爆弾は地中に貫通して効果的」。ニューメキシコ州のNGOが同文書を暴露。
12月20日	国連アフガン調整事務所報道官，「米軍はアフガン全土に**クラスター爆弾1,200発**を投下した。それぞれ200個の子爆弾を散布し，その不発弾がアフガニスタン全土に24,000発残っている可能性」。
12月22日	英BBC放送「米軍は東部の町ホスト付近で，新政権発足式典に向かう途中の部族長らの車列を爆撃。65人が死亡」。 海上保安庁，奄美沖で「不審船」事件を引き起こし，中国の経済水域で「不審船」を撃沈，15人を殺害。
12月23日	マーク・ヘロルド（米ニューハンプシャー大教授），空爆による民間人の犠牲者数を，攻撃時間と場所を特定しながら調査した報告書「10月7日から12月6日までの空爆による**一般市民の犠牲者は少なくとも3,767人**に上っている」「これらは何によってもたらされたのか？それは，米軍の戦略家たちが明かな故意に基づいてアフガンの人口密集地域にミサイルを撃ち込み爆弾を落とした，ということによって説明がつく」。
12月24日	米誌ニューズウィーク24日号「米統合参謀本部，イラク・フセイン大統領打倒のための軍事攻撃の計画を準備している」と報道。ブッシュ大統領，「2002年は戦争の年になる」と宣言。
12月26日	「難民を助ける会」（NGO）記者会見「アフガニスタン・タジキスタン国境の川の中州には，アフガニスタン・クンドゥーズ州を逃れてきた難民1万3,000人がいる。乳幼児の健康状態が深刻。飲料水の確保は困難。支援を

アフガニスタン関連年表

困難にしているのは地雷・不発弾。NGOメンバー自身も被害にあっている」。
12月27日 アフガン・イスラム通信「米軍機が27日，アフガニスタン東部の村を爆撃し，民間人少なくとも25人が死亡，4人が負傷した。死者の大半は女性と子ども」と報道。
12月28日 アフガニスタン暫定政権国防相スポークスマン「タリバンやアルカイダの残存拠点が破壊されたので，数日以内にも空爆を停止するよう米国に求めている。地元司令官やアフガン国防省の承諾がない場合，米国は好き勝手にアフガンを空爆できない」と語る。
12月29日 世界食糧計画（WFP）「カブール市民120万人のうち，40万人が援助なしに生きていけない。WHPは108万人を対象に食料援助計画を進めている。米軍の空爆中は援助物資が届かず，最悪の状態だった」。

2002年

1月1日 ロイター通信「パクティア州カラエニアジの村民によると，30日朝，米軍機が同村を空爆した。村民によると爆撃機1機，戦闘機1機，ヘリコプター2機が参加。107人が死亡したほか少なくとも10人が負傷した」。
1月3日 タリバン司令官「空爆停止するなら最高責任者オマル師を引渡し武器を置き，武装勢力1,500人も投降する」。米国防長官「逃亡者を逃がしてしまうような交渉や空爆停止は認めない」。
1月4日 アフガン・イスラム通信「パクティア州への3日の空爆で住民32人が死亡。この地域には民間人しかいない」。イスラマバードの国連情報センター「先月29日に行われたパクティア州カラエニアジ村空爆でも女性10人，子ども25人を含む民間人ばかり52人が死亡し，3人が負傷した」ことを明らかにした。
米中央軍司令官，記者会見で「米兵1名が銃撃を受けて死亡」。10月7日の空爆開始以来，事故や自軍の誤爆による米兵の死傷者を除けば，敵対勢力からの攻撃での死者は初めて。
1月6日 国会議員で作る憲法調査推進議員連盟が「憲法改正国民投票法」案と，国会法「改正」案を1月下旬通常国会に提出するため，調整に入る。
マーク・ヘロルド米国教授，米軍の空爆での犠牲者数調査の2回目報告で「空爆開始から12月29日までの空爆での，**アフガニスタン民間人の犠牲者数は4,000人前後**」と分析。米同時テロの犠牲者数公式発表は1月4日現在3,119人。
1月7日 米軍司令官「ビンラディン氏率いるアルカイダをパキスタンまで追跡作戦をすることもありうる」。
1月8日 米国防副長官，米紙ニューヨークタイムズに対し「対テロ作戦の対象はアフガニスタンについでソマリア，フィリピン，イエメン，インドネシア」。
1月9日 パキスタン・シャムシ近郊で米軍の空中給油機が山岳地帯に墜落。海兵隊員7人全員死亡。
1月10日 ブッシュ大統領「対テロ戦争にイランは貢献しなければならない。米国の側につくか敵対するかの二つに一つだ」（米国はアフガニスタンでの軍事

攻撃を継続しながら，西隣のイランにも対テロ戦争を拡大する方針）。
1月11日 米軍当局者，報道機関に「フィリピンで今後1週間以内に100人以上の米軍特殊部隊受け入れのための兵たん作業や作戦計画を進めている。米国にとってアフガニスタンだけがテロと戦う国ではない」。
ワシントン・ポスト「米エネルギー卸売り最大手エンロン社，経営破綻前に政治献金が発覚。連邦議会の現職下院議員の半数，上院議員の4分の3が関係。ブッシュ大統領も大きな恩恵」と報道。エンロン社は全米7位の，電力・天然ガス取引の巨大企業。アフガニスタンは石油天然ガスのパイプラインルートとして重要。
アフガニスタン東部4州で構成するジルカ（地方議会）「米軍はアフガン東部トラボラ地区でのビンラディン氏捜査を打ち切った後も，ザワル地区に激しい空爆を加えた。昨年12月22日の暫定政権発足以来でも，民間人200人前後が犠牲になっている。この地域にはタリバンやアルカイダは存在しない。米軍調査団の派遣を要求する」と声明。
1月13日 ワシントン・ポスト「エンロン社内部文書で，地球温暖化防止京都議定書に際し，自社に有利な『排出量取引』を同会議で認めさせるようクリントン政権と協議したことが発覚」。（巨額献金を受けたブッシュ大統領は，この議定書からも脱退することを決定している）
1月14日 米ＡＢＣテレビ「ＣＩＡはビンラディン氏が昨年12月初頭にアフガニスタンを脱出したとの結論に達した」。
1月15日 フィリピン大統領報道官「大規模な米比合同軍事演習を始めた。イスラム原理主義過激派集団アブサヤフ掃討のための軍事訓練」と発表。
1月16日 イズベスチア紙「中央アジア諸国に展開中の米軍が駐留を長期化する方針を固めている。ウズベクには約1,500人の米兵が駐留してアフガンで作戦中の米軍の支援をしているが，その期間は『反テロ作戦が継続している間』とされる。ウズベキスタンはこれを25年ほど延長することを認める意向。キルギスでも同様の動き。中国，南アジアなどに対する影響力を拡大する米国の意図がある」。
米国のＮＧＯグローバル・エクスチェンジの企画で，米国同時多発テロの犠牲者遺族4人が，カブールを訪れ孤児となった兄弟や子どもを失った父親と対面。「私たちは9月11日以降，苦痛を味わってきたが，あなたがたは何年にもわたって苦しんできた」と語る米国遺族に，アフガンの遺族が「あなたがたの大切な人を亡くされたことを，とても残念に思う。どちらも同じ悲しみをいだいている。われわれはともに犠牲者だ」と応じた。
1月17日 米印国防相会談で，米国のインドへの武器供与再開に際し，軍事情報の秘密を保持する米印軍事情報安全協定が締結された。
1月19日 **米軍がキューバ・グアンタナモ海軍基地**に収容しているテロ容疑者の扱いが「非人道的」との国際批判が高まり，英国議会人権委員会は米政府に公式の説明を求めることを決めた。18日から英政府や赤十字国際委員会が調査団を派遣した。
米国務長官がネパールを訪問し同国政府首脳と会談。同国の「極左過激派

アフガニスタン関連年表

組織」への対応のために，同国に軍事協力を申し出たもよう。長官は「ネパール政府が国内のみならず世界中のテロリストと戦う重要な役割を演じることを期待する」。

1月21日 アフガニスタン復興支援国際会議，東京で開催。約60カ国と21の国際機関代表が参加。アフガニスタン復興努力に対して2002年分で18億ドル以上，今後数年で45億ドル以上の支援を行うなどとした共同議長最終文書を発表して，22日閉幕した。

1月22日 アフガン中央銀行総裁「暫定行政機構は，公務員給与支給を7ヶ月ぶりに再開する。教育省を手始めに順次各省に支給する。その資金約800万ドル（約10億7,000万円）は国連開発計画が拠出」。

1月23日 ブッシュ大統領，「03会計年度の国防予算案は前年度より約15%増になる見通し。480億ドル（約6兆4,300億円）の増額」「対テロ戦はアフガニスタンで終わらない。地球のあちこちに敵の影がある」と演説。
ジョージ・マクガバン（元上院議員，元大統領候補）ら米国著名8氏，ブッシュ大統領への書簡提出「同時テロとイラクを結びつける証拠はなく，イラクへの軍事行動拡大は米国の国際的孤立を招く。9.11テロリストの捕捉に専念するとともに，テロを育む現状の変更への助力が必要」。
日本ユニセフ，アフガニスタン復興支援報告会で「サッカー・ワールドカップ期間中には世界の紛争地域に『停戦の日』を設けることで，国際サッカー連盟とともに尽力している」と報告。
ユニセフ・アフガン緊急支援プログラム特別代表「昨年の米軍の空爆期間中は援助が困難であった。子どもたちのために『停戦の日』が欲しかった。希望は見えたが南部などで治安が悪く援助が届かない。12万人の子どもの死者が出る最悪事態は避けられるものの，現状では数多くの死者が出ること，栄養失調も何百万といることを忘れてはならない」。
国連アフガン地雷対策計画代表（MAPA）「アフガンでは1ヶ月に300人が地雷の犠牲になっている」。NGOのHALOトラスト「国連援助の元でクラスター不発弾（子爆弾）の処理に1200人のスタッフが苦闘している」。
アナン国連事務総長カブール入りし，カルザイ暫定機構議長と会談。「国連はアフガン復興に最大限の支援をする」と表明。国連事務総長のアフガン訪問は43年ぶり。

1月28日 米軍特殊部隊は，ビンラディン氏率いる組織アルカイダの残党6人が数週間にわたって立てこもっているカンダハルの病院を急襲。

1月29日 ブッシュ大統領一般教書演説，「米国はフィリピン，ボスニア，ソマリアなど，少なくとも十数カ国にあるテロ組織の地下訓練施設を破壊する。最も危険な国が，最も危険な大規模破壊兵器で米国に脅威を与えることを許さない」と強調し，朝鮮，イラン，イラクの3カ国を「**悪の枢軸**」と名指しで非難。

1月30日 ブッシュ大統領一般教書演説に対し，イランのハタミ大統領「干渉，戦争挑発，侮辱の発言であり，とりわけイラン国民に対する公然たる侮辱である」。イラクの国営紙アル・イラクは米国を「地球の唯一の悪魔」。フラン

スのベドリヌ外相は，「世界のすべての問題を対テロ戦争に集約できるわけがない」とそれぞれ批判。小泉首相「大統領の一般教書演説には感動した。日米共通の価値観共有を実感した」。

米国民が本土・地域防衛やイスラム諸国支援に自主的に奉仕する「合衆国自由部隊」の創設を命じる大統領令発布。同時に，アフガニスタン再建を含むイスラム諸国への開発・教育支援に充てるケネディ元大統領によって創設された平和部隊の活動を強化すると発表。

キルギスのイマナリエフ外相，アフガニスタンでの軍事作戦が完了した後も，旧ソ連地域のキルギスでの米軍駐留が長期化する見通しを示唆。

1月31日　イランのハラジ外相はニューヨークでの世界経済フォーラム年次総会への出席を中止。中国外務省報道官は，「悪の枢軸」について「われわれは国際問題でこのような言葉の使用を主張しない」と批判。すべての国が国連憲章などに基づき平等に扱われるべきだと強調。ロシアのプーチン大統領は，「力の一極集中による優位に基づく政策の独占に基礎を置いた」国際関係には展望がないと指摘。

ラムズフェルド米国防長官は，国防大学で講演し，「脅威対応型戦略」から「能力対応型戦略」への転換を強調。「侵略者の首都を占領し体制転覆も行う」。

アナン国連事務総長は，ソルトレーク五輪を前に，大会中の「選手の安全な移動および参加の確保と，敵対行為の当事者による五輪停戦の尊重」を呼び掛け，「五輪と国連は，寛容，理解，平等，フェアプレー，とりわけ平和という基本理念を共有している」と指摘。五輪停戦の順守が一層重要になっていると訴えた。

2月1日　NATOのロバートソン事務総長は，ダボス会議のパネル・ディスカッションで，「NATOが構築してきた『平和のためのパートナーシップ』との連携や中央アジア諸国との関係がなければ，米国がアフガニスタンで首尾よく行ったことは不可能だっただろう」と指摘。米国単独で対テロ戦争を拡大することに懸念を表明。

2月2日　北部同盟を構成していたタジク人部隊とウズベク人部隊が，マザリシャリフ近郊3カ所で衝突。タジク人部隊の4人が死亡，双方で計10人が負傷。

2月3日　ライス米大統領補佐官，イラン，イラク，朝鮮の3カ国に対し，「ブッシュ政権は手加減はしない」と強調，大量破壊兵器の査察などを受け入れなければ先制攻撃を含む強い措置も辞さないと示唆して警告。

世界経済フォーラム年次総会で，マハティール・マレーシア首相とアブドラ・ヨルダン国王が「イスラムは平和と寛容の宗教だ」と演説。「イスラム教と近代化の共存は可能」。

2月4日　ブッシュ米大統領，2003会計年度の予算教書を米議会に送付。ミサイル防衛など国防や国土安全保障に関する予算を大幅に増額。国防予算は過去20年間で最大の伸びとなる前年度実績見込み比13・5％増。ラムズフェルド国防長官は，同時テロによる経済的損失に比べれば今回の「国防予算は安いものだ」。最大の受益者であるロッキード・マーティンやボーイングな

アフガニスタン関連年表

どの軍需産業の株価が上昇。
　　　　　イラン，タリバン兵のアフガン脱出を幇助との米国防長官発言を否定。「妄想に基づくもので，なにひとつ証拠がない」。
　　　　　パキスタンの英字紙ステーツマンが，米英軍の空爆でアフガニスタン全土にある学校約2,200校のうち8割以上にあたる約1,800校の校舎が破壊され，使用不可能になった，と報道。

2月5日　イランのハラジ外相が，「悪の枢軸」発言に反論する手紙を国連に送付。イランが大量破壊兵器を開発しようとしているとの米国の主張を否定。

2月8日　比アロヨ大統領，米比共同演習反対に対し，「友人の支援に反対する人はフィリピン人ではない。テロの保護者，殺人者の仲間だ。支援国よりアブサヤフやオサマ・ビンラディン側を愛しているのだ」と発言。左派系団体などは「大統領こそ我が国の恥」と反発。

2月12日　海上自衛隊の補給艦「ときわ」（乗員約130人，8,150トン）と護衛艦「はるな」（乗員約300人，4,950トン）が，横須賀基地と舞鶴基地からそれぞれインド洋に向けて出港。第三護衛隊群司令の杉本正彦・海将補，「一次の支援艦隊との任務の違いはなく，米国への支援は重要だ。訓練の成果を発揮して国民の期待にこたえるように全力を尽くす」。

2月14日　米国は，英国と共同の未臨界核実験「ヴィート」を同日午後1時半（日本時間15日午前6時半），西部ネバダ州のネバダ核実験場で実施。英国が参加した未臨界核実験は，1997年7月の実験開始以来初めて。ヒロシマ平和記念公園の原爆碑前で15日午後，被爆者ら約80人が抗議の座り込み。
　　　　　ブッシュ大統領，京都議定書に代わる独自の「温室効果ガス削減対策」を発表。

2月15日　チェイニー米副大統領，米国が積極的な行動を起こす時は，国際社会も「適切な支援」を行うべきと講演。対イラク軍事行動への理解を求めた。「米国はこれらの懸念に対処するため，軍事，外交，諜報活動など，あらゆる手段を使う」。
　　　　　UNHCRは，略奪行為や民族間の紛争，食糧不足などで，過去1週間に1万人以上のアフガニスタン難民がパキスタンに流入したと報告。UNHCRは，パキスタンやイランなどに滞在している約350万人の難民に帰還を呼びかけるのは時期尚早，との従来の見方をあらためて表明する一方で，今年，自主的な帰還を促すプログラムを通じて120万人の帰還を支援する意向を示した。
　　　　　ブッシュ大統領の温室効果ガス削減対策に，日本の川口外相「地球温暖化問題に，大統領自身が真剣に取り組む姿勢を示すものだ」。一方，欧州諸国は失望や批判を表明するとともに，京都議定書への復帰を呼びかけ。ベルギーのドゥルーズ・エネルギー開発庁長官，「『富は2002年に生きるわれわれのものであり，困難は子どもたちやアフリカ，アジアの人々に押し付ける』といったようなものだ」。

2月16日　米軍，オリンピック停戦を破って，暫定政権に対抗する地元部隊に空爆開始。タリバン政権打倒とテロ組織アルカイダの壊滅を目標に掲げてきた米

ブッシュの戦争犯罪を裁く

軍が，アフガンの国内抗争に直接関与したのは初めて。複数の地元司令官は，今回の抗争にタリバンやアルカイダは関係していないと言明。

2月17日　ブッシュ大統領，日本，韓国，中国3か国歴訪の最初の訪問国として来日。小泉首相とブッシュ大統領の首脳会談は4回目。

時事通信社が17日まとめた世論調査結果。「有事法制」整備について，「慎重に検討すべきだ」が47.0％と最も多く，「賛成」24.2％，「反対」12.2％を上回った。

2月18日　日米首脳会談。「悪の枢軸国」発言を小泉首相が「テロと戦う決意」と評価したことで，野党各党が反発。共産党志位委員長，「屈辱的な従属姿勢だ」。

ソマリアのハッサン・ファラ暫定首相，アルカイダの残党が同国内に潜伏しているとの情報について，「アルカイダは一切存在しない。彼らの訓練施設もない」と全面的に否定。「我々はテロに反対しており，テロ撲滅のためなら米国に協力する用意がある」と述べ，反テロ戦線への協調姿勢を確認。

2月19日　ブッシュ大統領，日本の国会で演説。「すべての選択肢はテーブルの上にあり，排除しない」と武力行使の可能性を強調。ひきつづき「効果的なミサイル防衛計画」を推進する考えを明らかにするとともに，日米同盟を「共通の価値観」「共通の利益」を持つ覇権主義路線の中核的推進力として位置づけた。小泉首相，「日本の役割も重要だ。米国を今後とも支援してゆきたい」と支持。

ブッシュ大統領訪韓。26日から朝鮮・金剛山で「2002年，新年民族共同行事」を開催する韓国側準備委員会，「悪の枢軸」発言が朝鮮半島の「軍事的緊張を高めて」おり，「ワールドカップ大会開催にもきわめて否定的な影響を与える」と懸念する声明を発表。

ニューヨーク・タイムズ，対テロ戦争遂行を有利に進めるため，他国の報道機関や政府関係者に虚偽の情報を流し，米国防総省内で米国寄りの国際世論を形成する戦略影響事務所（ＯＳＩ）の存在を暴露。9月11日の同時多発テロ事件直後にイスラム諸国への対応策として国防総省に設置されたが，活動範囲を中東，アジア，西欧の同盟諸国にも広げ，対テロ戦争での支持固めを狙っているとした。

米国防総省筋，イラクに対する軍事攻撃の可能性を探るため，少数の米陸軍特殊部隊をイラク北部にあるクルド人保護地域(飛行禁止区域)に派遣したことを明らかにした。

国連のイラク代表団は，安全保障理事会に対し，イラクは米国が公然と財源を提供するテロ行為の標的であり，「テロ行為の最大の被害者」だとして，米国を非難。米国が主導する行動は，98年に米議会が可決した「イラク解放法」の下で財政的な援助を受けていることから，「国家によるテロ行為」に相当する，と主張。

2月20日　朝鮮労働党機関紙「労働新聞」，「米国こそ国際社会において法や道徳には目もくれず，傍若無人にふるまう最大のならず者国家だ」と非難。

アフガニスタン関連年表

カブール市内に展開している国際治安支援部隊（ＩＳＡＦ）報道官が，20日午後8時半ごろ，同市西部でパトロールを始めようと車から降りた英部隊員に向け何者かが発砲。隊員も反撃。その際，付近の青年が銃撃を受け死亡，4人が負傷。

2月21日　ブッシュ大統領と江沢民国家主席が北京で会談。米国と朝鮮の対話再開が重要との認識で一致。江主席，米国が検討中のイラク攻撃について「平和が最優先だ」と，不支持を表明。ブッシュ大統領は，攻撃決定に際して国連安保常任理事国である中国とも協議すると伝えた。

ロサンゼルス連邦地裁，キューバの米軍基地に移送されたアルカイダ兵士の処遇が「非人道的」と主張していたラムゼイ・クラーク元米司法長官らの申し立てを「訴えの資格はなく，連邦裁判所が審理する権限もない」と却下。クラーク氏らは，サンフランシスコ連邦裁判所に上訴する方針。

ＯＳＩに関連して，国際新聞編集者協会，「米政権が提供する情報をもはや信頼できなくなった」と批判。米国内外から強い批判相次ぐ。

2月22日　ボルトン米国務次官，ワシントン・タイムズのインタビューで，非核兵器保有国に対し米国が核兵器で攻撃しないとする従来の基本方針を「国際情勢を踏まえれば，これまでの方針は非現実的」と否定。テロリストをかくまう国々を含むすべての国家に対し核兵器の使用を排除すべきでないと強調した。

2月23日　防衛庁，政府が提出を予定している有事法制に関し，相手国が特定されない大規模テロを新たに加えるなど，日本有事についての想定を見直す方針。

2月24日　アフガニスタン暫定行政機構のカルザイ議長が，訪問中のテヘランでハタミ・イラン大統領と会談。カルザイ首相は「イランは我々の兄弟だ」と語り，イランを「悪の枢軸」と指弾するブッシュ大統領の姿勢と一線を画す考えを示した。ハタミ大統領もアフガン復興に全面協力する決意を表明。

2月25日　国連アナン事務総長，ロンドンでブレア首相と会談した後の公式言明で，ブッシュ政権が反テロ戦争の「第2段階」として計画しているイラクへの軍事攻撃は「愚かだ」と反対を表明。

防衛庁，テロ対策特別措置法に基づく米英軍への支援活動で，海上自衛隊の補給艦「はまな」と「とわだ」が合計約5万9,000キロリットル（約23億円相当）の油を両軍の駆逐艦や補給艦に洋上補給したと発表。

2月26日　ラムズフェルド米国防長官，戦略的情報局（ＯＳＩ）を廃止すると言明。「的外れな批判により戦略的情報局は多大な損害をこうむった」。

2月27日　米シカゴの雑誌「ブレティン・オブ・ジ・アトミック・サイエンティスツ」，「終末時計」の針を2分進め，終末を示す午前零時の7分前とした。「終末時計」が動かされたのは98年，インド，パキスタンの相次ぐ核実験の実施以来，約4年ぶり。「テロ組織が核を保有しようという動きが見られる」ことと「米国が一連の軍縮条約を拒否し，弾道弾迎撃ミサイル（ＡＢＭ）制限条約からの脱退を表明した」ことが理由。

自衛隊と在日米軍が周辺事態を想定しておこなった日米共同統合指揮所演習（2／16～20）に，外務省，国土交通省，厚生労働省，海上保安庁，警

察庁の5省庁の担当者のべ36人が参加していたことが明らかになった。防衛庁は「周辺事態を含めた情勢緊迫事態から防衛出動にいたる状況」を想定したと説明。

2月28日　USAトゥデー紙，冷戦時代に実施された核実験でまき散らされた放射性降下物の影響で，51年以降に生まれた米国市民の少なくとも1万5千人ががんにかかり死亡した可能性があると報じた。連邦政府の未公開研究データで明らかに。

国連薬物統制計画（UNDCP），タリバン政権崩壊後，アフガニスタンでアヘンに加工されるケシの栽培量が急増しており，今年の収穫量が昨年の15倍に増える可能性もあると警告。

米民主党のダシュル上院院内総務，政府のテロとの戦いは，「明確な方向性もないままに戦線を拡大している」と述べ懸念を表明。

3月1日　カルザイ議長，パリのユネスコ本部を訪れ，国内の貴重な美術品の密輸取り締まりへ，国連および近隣諸国の協力を呼びかけた。「密輸業者が遺跡のみならず墓地までも荒らしている」。

3月2日　米軍は1日夜から2日にかけ，アルカイダ兵士とその家族ら500人以上が潜伏しているとするパクティア州アルマ一帯に激しい空爆を実施。この空爆で**サーモバリック爆弾BLU118B**を2発投下。また，米軍と同盟国軍合計で1,000人近くの兵士が地上での戦闘に参加。昨年10月にアフガンでの軍事作戦が開始されて以来最大規模で，**アナコンダ（大蛇）作戦**と命名。

ブッシュ政権のすすめる戦争政策に抗議する反戦デモがロンドン中心部で行われ，主催者発表で2万人が参加。アフガニスタン戦争に反対して結成された「戦争ストップ」連合が呼びかけたもの。地域の反核・平和団体や労働組合や市民が，ハイドパークからトラファルガー広場まで行進。

3月3日　アフガニスタンからパキスタン，インド北部にかけて，マグニチュード推定7．2の強い地震が発生。震源地はアフガン北東部ヒンズークシ山脈付近。

日本政府派遣のアフガニスタン支援調査団がカブール入り。アフガン復興支援会議が開かれてから初めての政府ミッション。

3月4日　アフガニスタン北部地震によって地滑りが発生し，少なくとも100人が死亡。行方不明者数は不明。世界食糧計画（WFP）が明らかにした。

米軍部隊が駐留している東部ホストの空港が未明，何者かにロケット砲などで攻撃された。米軍側は約30分後には犯行グループがいた空港東部を爆撃。また，米陸軍の特殊作戦用ヘリコプターMH—47「チヌーク」1機が，敵陣営からの砲火を受けて撃墜された。乗組員の少なくとも6人が死亡，10人が負傷。

フランス国防省，アフガン東部への空爆に，空母シャルルドゴールから発進した戦闘機のほか，キルギスタンの基地から発進したミラージュ戦闘機が参加したことを明らかにした。米中央軍のフランクス司令官は，このほかに，カナダ，オーストラリア，ドイツ，ノルウェー，デンマークの特殊部隊が参加していることを明らかにした。

アフガニスタン関連年表

3月5日　旧タリバン政権軍のサイフ・ムラー・マンスール司令官,「息が絶えるまで米国に対するジハードを戦い,アフガンを防衛する」との声明を発表。「世界の全イスラム教徒に聖戦への参加を要請する」。

3月6日　バグラム空軍基地に駐在する米軍幹部,アナコンダ作戦で400—500人規模のアルカイダ兵が死亡したことを明らかにし,さらに東部ガルデズ近郊に200〜300人の米兵と攻撃ヘリなどを増派。ラムズフェルド国防長官は敵方の戦闘員が死を覚悟で戦っていることを認めつつ,「彼らは投降するか殺されるしかない」と語った。

3月7日　名護市辺野古の米軍キャンプ・シュワブ沿岸海域で米水陸両用車17台が訓練しているのを地元住民らが確認。海岸で見ていた住民ら,「水陸両用車が通った後の海が赤く濁っていた。海草やサンゴが荒らされないか」「17台もの水陸両用車を見るのは初めて。何の訓練なのか」。

3月9日　ロサンゼルスタイムズ,ラムズフェルド米国防長官が署名して1月8日に議会に提出した「核態勢検討(NPR)」という報告書で,有事の際,朝鮮など7カ国を対象とした核攻撃計画の策定を軍部に指示し,一定の戦場状況で使用する小型戦術核兵器の開発も命じたと報道。

同時テロを機に制定されたテロ対策特別措置法と同法に基づく自衛隊の海外派遣は憲法違反だとして,尾形憲・法政大学名誉教授(平和学)やさいたま市内の主婦らが,提訴に向けて準備を進めるために「市民訴訟の会」を発足。

3月10日　米政権がロシアなど7カ国を対象に核兵器使用計画策定を軍当局に命じたとする報道について,ロシア下院外交委員長「米国は狂人になった」発言。英BBC放送も「核使用の報道はダイナマイト級の報道だ」。

3月11日　同時多発テロ事件から半年を記念して,WTC跡地の2本の光状の前でブッシュ大統領が演説。テロ国家の名指しは避けたが,「戦争はアフガンを超えており,テロリストにとって安全な場所をなくす」と,武力拡大路線を強調。

タイム誌,アナコンダ作戦で,約800人のタリバン,アルカイダ兵士が死亡したと報道。同誌によれば,米軍側についたアフガン兵士がオサマ・ビンラディン氏の映像を収めたビデオや写真,アルカイダの作戦を詳細に記述した文書などを入手,分析のためにカブール郊外のバグラム空軍基地に送られた。

3月12日　マザリシャリフで,弱者の立場となったパシュトゥン人への暴行が相次ぐ。NGO調査によればハザラ人の軍閥の犯行。1998年,大量のハザラ人がタリバン軍(パシュトゥン系)に虐殺された報復。他の少数民族への暴行も多発。国連が事態を重視,暫定政権と現地調査。

米中央軍当局,アフガン東部パクティア州のシキン周辺で米軍戦闘機が6日,車両1台を攻撃した結果,女性と子どもを含む14人が死亡,子ども1人が負傷したと発表。

米ホワイトハウス,テロ発生の危険度をランク付けし,色別。リッジ米国土安全保障局長,「危険度は赤を最高として,オレンジ,黄,青,緑の順

ブッシュの戦争犯罪を裁く

に低くなる。米国の現在の状況は，黄色とされている」。
　米NYタイムズ，NPRの核兵器使用基準引き下げを社説で強く批判。「核兵器は米国の基本的な国益と生存が脅かされる時だけ使用し，戦争にこれを制限なしに使用することは地球上の生命を危機にさらすことだという信念によってコントロールされてきた。これは思慮深い米国人が共有している信念だ」。
　米海軍，在日米海軍厚木基地で空母「キティホーク」艦載機による夜間離着陸訓練（NLP）を開始。正規の通告期間に厚木基地でNLPが実施されるのは，騒音が激化した一昨年9月以来1年半ぶり。3月15日までの4日間にわたり，午後6時から午後10時までの実施が通告された。

3月13日　難民認定申請中，東日本入国管理センター（茨城県牛久市）に収容されたアフガニスタン人6人が，センター内自殺を図り，病院に運ばれていたことが判明。6人は助かったが，一斉摘発があった昨年10月以降，自殺未遂を起こしたアフガニスタン人は8人になった。
　米大統領「核態勢見直し（NPR）」機密報告が提起する核兵器使用について，排除しないと発言。米国の科学者団体「懸念する科学者連盟」の会長，NPRが核兵器を世界に広げることになるとして批判。最初の水爆を設計したガーウィン氏も「核攻撃の抑止を超えた役割（小型核兵器の開発と使用）を核兵器に与えるのは非生産的」。この科学者団体は一般市民含め5万人。
　フランス各紙「悪の枢軸と呼ぶ国々に核兵器使用も辞さないとするNPRは核兵器不拡散の原則の根本的破壊。核兵器を通常兵器と同列に扱い，核兵器を四方に広げることになる」といっせいに批判。
　米人権問題専門家アラブ・アンチ・ディスクリミネーション・コミッティーのフセイン・イビシュ氏，「米国内で拘束されているアラブ人およびアラブ系米国人の数は，対米同時テロ攻撃から半年たった現在でも，依然として数百人にのぼると見られており，このなかには中東での迫害を逃れてきた亡命希望者や，女性，未成年者なども含まれている」と警告。
　国土交通省と警察庁は，航空機内に武装した警察官を搭乗させる「エアマーシャル」を実施する方向で検討を開始。米同時多発テロを受けた航空機使用テロ対策の一環。5月開幕のサッカー・ワールドカップ（W杯）時に実施の意向。

3月14日　秋田県東成瀬村で「憲法9条をまもり有事法制の立法化を行わないよう求める意見書」を全国に先駆け採択。同村は，1985年，非核・平和の村宣言をしている。

3月15日　ムシャラフ・パキスタン大統領，「米国がイラクを軍事攻撃するなら，パキスタンは中立の立場を取る。攻撃はイスラム世界全体に深刻な波紋を生む。ブッシュ政権は攻撃前に何度も考える必要がある」。
　東ティモールのPKOに参加する陸上自衛隊北部方面隊員ら47人と物資を輸送するため，海上自衛隊の大型輸送艦「おおすみ」（8,900トン）が室蘭港祝津ふ頭から，随伴する護衛艦「みねゆき」（2,950トン）とともに出港。

アフガニスタン関連年表

日弁連,「有事法制法案の今国会上程に反対する理事会決議」を記者発表。「この『有事法制』法案は,憲法の平和主義の原則,憲法9条の戦争放棄,軍備および交戦権の否認に抵触するおそれがあり」「今回の『有事法制』法案の上程は,国民主権に基づく民主的手続きを尽くしておらず,性急,拙速であると言わざるをえない」。

3月16日　チェイニー米副大統領との会談で,サウジアラビアのアブドラ皇太子ら,イラク攻撃時米軍のサウジ内の基地使用を拒否。

フセイン・イラク大統領,イラク訪問中のベトナム副大統領との会談で「イラクは米国のいかなる侵略にも抵抗する。米国は今,たくさんの敵を作っており,戦争に負けるだろう。米国は侵略的になればなるほど邪悪な政策を追求し,敗北に近づく」。

3月17日　イスラマバードで,米国大使館に隣接するキリスト教会に男2人が手りゅう弾を投げ込み,米外交官の妻と娘ら5人が死亡,45人が負傷。

英の国際開発相が,英国がイラク攻撃に協力した場合は辞任すると発表。内相も「イラクを攻撃すれば中東だけではなく英国にも暴動が広がるだろう」と警告。

3月18日　フランクス米中東軍司令官,アナコンダ作戦の終了を宣言。アフガン国内で新たな軍事作戦を始める意向を示唆。また米軍は同日,アフガン東部ガルデズ近郊で17日に3台の車列を攻撃,アルカイダの戦闘員とみられる16人を殺害したことを明らかにした。

英国防相「米国の要請を受けてアフガニスタンに英軍部隊1,700人を増派する。湾岸戦争以来の大規模派兵で,残存するテロ組織壊滅が目的」。

アフガニスタン・クンドゥズで**クラスター爆弾**の不発弾の犠牲が続く。クンドゥズ西方のカルプル村は70世帯の小村。クラスター爆弾の不発弾事故が10回起き3人が死亡。牛やヤギ12頭が犠牲。

イラクのラマダン副大統領,査察対象と査察期間を限定することを条件に国連による大量破壊兵器の査察を受け入れる意思があることを表明。

英インデペンデント紙,「米中央情報局(CIA)の要員が2月末にイラク北部に潜入し,軍用飛行場3箇所を調査した」と暴露。

原水爆禁止日本協議会(原水協)は広島,長崎の両県協議会と連名で,米大統領,国連安保理事会議長,国連事務総長に対し,米国の核態勢の見直し報告などが「ならずもの国家」「悪の枢軸」と名指しして核兵器使用の検討さえしていることを批判した手紙を送る。米大統領には「核兵器使用発言の撤回」を強く要求。

3月19日　複数の国連外交筋,アフガニスタンに駐留している国際治安支援部隊(ISAF)について,現状以上の兵力派遣を望む国がないことから,規模の拡大が実現する可能性はきわめて低い,との見解を発表。

仏政府,対米同時多発テロを幇助したなどの罪状で起訴されたモロッコ系フランス人のザカリアス・ムサウイ被告について,米政府が死刑を求刑した場合,対米同時多発テロをめぐる捜査協力の合意を見直す可能性があると警告。

ブッシュの戦争犯罪を裁く

米軍がアジア・太平洋地域で起こす介入・干渉戦争（周辺事態）に日本が参戦する際の「相互協力計画」が，米軍とのあいだで自衛隊幕僚レベルで合意・署名されていたことが発覚。防衛庁長官，これを認める。米軍の日本に対する民間空港や港湾の使用，輸送・医療などの軍事支援要求を具体化するもの。すでに日米共同指揮所演習も行われた。

3月20日　アフガニスタン暫定行政機構のサマル副議長兼女性相，6月に招集される予定の緊急ロヤ・ジルガ（国民大会議）で，女性出席者の比率が全出席者の25％になることを期待していることを表明。「うまくいけば成功するだろう。少なくとも（全出席者の）20％にはなるはずだ」。

日本政府，与党に示した説明文書で有事立法の骨格が明らかに。自衛隊法改正案では，物資の保管命令に従わない者など戦争協力を拒否する民間人に対する「罰則規定の整備」を明記。防衛出動命令の前にも自衛隊の武器使用を可能にする「武器使用権限の整備」も明記。包括法案は今後整備する個別法案として，国民生活統制に関する法制，米軍の行動支援の法制，捕虜の取り扱いなどの法制，をあげた。

キルギス有力紙報道「アフガンでの反テロ作戦を理由に昨年12月からマナス空港に展開の米軍約650人は今後，仏軍含め5,000人になる見通し。米は中央アジア支配を企図している」。キルギスでは，米兵が自動小銃を携行して周辺村落を監視。基地周辺の住民への頻繁な無権利尋問。米軍機優先で民間機の遅延や着陸空港変更の頻発。経済効果は売春婦の増加のみ。

イラクは，フセイン大統領を排除する姿勢を示している米国政府の威かく行為が，国際法に抵触するかどうかを問う質問書を国連に提出。

フィリピンで米軍と国軍の新合同演習開始。米軍1,700人，国軍2,900人。また，イエメンで米英と国軍の合同演習の計画。演習は3ヶ月間。また，韓国各地で米韓合同軍事演習開始。過去最大規模。朝鮮（朝鮮民主主義人民共和国）が同国に対する攻撃準備だと非難。

3月21日　新年を迎えた首都カブールで，タリバン政権時代に禁止されていた伝統の祝賀行事が6年ぶりに復活。市内のカルテサヒ廟では，新年を祝う恒例の「旗揚式」。アイマック市長が「20年間の内戦が終わり，待ち続けた平和が訪れた。この幸福が続くことを祈りましょう」とあいさつ，市民の掛け声の中で，イスラムを祝福する緑色の旗が立てられた。

国連のアナン事務総長が，安保理にアフガニスタン情勢に関する報告書を提出，2001年12月のボン合意に基づき，アフガンの新政権作りを支援するため，国連の新組織「国連アフガニスタン支援派遣団（UNAMA）」を結成するよう提案した。カブールにはすでに国連とは別の多国籍部隊「国際治安支援部隊（ISAF）」が展開しているが，UNAMAはこれと協調し，軍事部門を除く文民部門でアフガン復興に取り組む。ブラヒミ事務総長特別代表が代表を兼ね，政治と人道・復興支援を柱に，スタッフ約200人で構成。

ラムズフェルド米国防長官，アフガニスタンで拘束したタリバンやアルカイダのメンバーを裁く軍事審問委員会の運用規則を発表。被告に弁護士選

	任や黙秘権を認めたが，上訴権はきびしく限定。
3月22日	米軍駐留経費負担，外務省まとめ。2001年度予算で6,534億円。沖縄米軍基地移動計画関連経費含め6,699億円。米兵日本駐留は4万人。米兵一人に掛かる費用は1,675万円になる計算。駐留経費には「思いやり予算」2573億円も含む。「思いやり予算」は安保条約・地位協定上も負担する義務はない。沖縄弁護士会，有事法制に反対する会長声明を記者発表。小泉純一郎首相や外相，防衛庁長官に送付。弁護士会の当山会長が，「基地を抱える沖縄には，今も多くの人権問題が起きており，同法案は現状を悪化させる危険性がある。国民の知らぬ間に成立するようなやり方は拙速に過ぎる」とコメント。
	声明では「同法案は『武力攻撃事態』を理由に，私有財産の徴発や役務の徴用，諸活動の規制など，国民の基本的人権を必要以上に制限，侵害していく恐れがある」と問題点を指摘。「法案の内容を広く開示し，国民が検討し意見を陳述する機会を与えるべきだ」と提言している。
	化学兵器禁止条約に基づき査察などに当たる化学兵器禁止機関（本部ハーグ）の執行理事会，対イラク査察問題で対話路線を守る姿勢が不満とした米国によるブスタニ事務局長の解任提案を否決。解任提案に賛成したのは米，英，日本，ドイツなど17カ国。
3月23日	アフガニスタン全土の学校で新学期が始まり，百数十万人の児童や生徒が学校に戻った。タリバン政権下で就学が禁止されていた女子にとっては6年ぶりの復学。労働を禁止されていた女性教諭も教壇に復帰した。
	米軍嘉手納基地に**クラスター爆弾**が配備されていることが発覚。問い合わせに対し米軍は「このクラスター爆弾はMK－20だと思われる」と回答。北谷町町議がビデオ撮影して10発を確認。
3月25日	アフガン北部，バグラン州ナハリンを中心に大地震発生。28日まとめ＝ナハリンを中心に被害は，42カ所の村落に及び，ナハリンから半径15キロ内の地域で2万1千家屋のうち99％の2万家屋が全半壊。テントの支給と，安全な水の確保が急務。
	牛久入国管理センターのアフガニスタン難民6名が，薬約40錠を飲んで，自殺未遂。命はとりとめたが，「歩くのもつらい」衰弱した状態に。
	日本政府，テロ対策特措法に基づく実施要項で「3月末まで」とした自衛隊による米軍支援活動の実施期間を，5月19日まで自動的に延長する方針を決定。
3月26日	カルザイ議長，関係閣僚からなる地震対策委員会を設置。カヌーニ内相は26日，「1,800人の遺体を収容したが，まだ多くの人ががれきの中に残されている。負傷者は3,000人，住むところを失った者は3万人以上に上るだろう」とし，国際社会の援助を求めた。
	英主導の国際治安支援部隊（ＩＳＡＦ），12人の偵察チームを現地に派遣。さらにノルウェーの地雷除去部隊を派遣するとともに，今後の救援活動に備え，軍用機出動などの準備を開始。米軍は緊急物資の輸送のため2機のヘリを提供。

ブッシュの戦争犯罪を裁く

3月27日　カルザイ議長，地震被災地視察。「タリバンがいなくなるようにと祈り続けてようやく平和になったと思ったら，今度は地震ですべてを失った」と嘆く村人に，「神がきっと助けてくださる。できる限りの援助をしたい」と激励。
　　　　国連機関とNGOが被災者に医薬品や食料の配布を開始。国際治安支援部隊（ISAF）の救援ヘリコプターが重傷者を現地から周辺都市の病院へピストン搬送したり，世界食糧計画（WFP）がヘリでテントや毛布などを現地に搬入するなど，救援活動が本格化するも，多数の地雷が物資供給の障害に。
3月28日　ナハリン地区地震の被災者支援のため，NGOや外務省，財界で組織するジャパン・プラットフォーム（JPF）がNGO6団体に初動活動資金を支出することを決定。日本赤十字社も，医師らスタッフ2人の派遣を決定。
　　　　サーモバリック爆弾が朝鮮に対して有効，と在韓米軍スポークスウーマンが解説。朝鮮には軍の洞窟が多いから。
3月29日　韓国政府と在韓米軍，在韓米軍の基地，訓練場のうち約1万3,576ヘクタールを2011年までに段階的に韓国に返還，韓国は新規に約508ヘクタールを供与することなどを盛り込んだ米韓連合土地管理計画（LPP）協定に正式署名。これにより，在韓米軍への供与地面積は現在の約2万4,420ヘクタールから約46.5％に縮小され，主要基地数は41カ所から23カ所に統廃合される。

アフガニスタン関連年表

関連文献・サイト紹介

1 アフガニスタンについて

「9.11」以後，文字通り雨後の筍のように膨大な書物が出されたが，アフガニスタンの状況を知らせるものはそれほど多いわけではない。最初に紹介するのはペシャワール会の中村哲（医師）の著作である。

中村　哲『ほんとうのアフガニスタン』光文社，2002年
中村　哲『医者井戸を掘る──アフガン旱魃との闘い』石風社，2001年
中村　哲『医は国境を越えて』石風社，1999年
中村　哲『ペシャワールにて』石風社，1989年
中村　哲『ダラエ・スールへの道──アフガン難民とともに』石風社，1993年

> 80年代からペシャワールに拠点を作り，アフガニスタンでの医療を続けてきた著者は，医療支援に加えて，旱魃に際しては井戸掘り支援を行い，戦争による飢餓の危機には食料支援を行ってきた。全国を飛び歩いてアフガニスタンの状況を知らせ，アフガニスタン復興への支援プログラムもスタートさせている。

丸山直樹『ドクター・サーブ──中村哲の15年』石風社，2001年
> 本書は中村医師を追いかけての人物ルポであり，アフガニスタンの様子も伝える。

丸山直樹『アフガン乾いた大地』NHK出版，2002年
> 同じ著者による，パキスタンのアフガニスタン難民取材を通じたアフガニスタン・レポートである。

督永忠子『パーキスターン発 オバハンからの緊急レポート』創出版，2002年

9.11事件以後のアフガン報道の拠点となったイスラマバード在住20年の著者の発言で，与党3幹事長の醜態や大仁田厚代議士のエピソードや，ジャーナリストへの厳しい注文も見られる。

長倉洋海『子どもたちのアフガニスタン』岩波ブックレット，2002年

山本芳幸『カブール・ノート──戦争しか知らない子どもたち』幻冬舎，2001年

2　アフガニスタン攻撃の国際法

松井芳郎『テロ，戦争，自衛──米国等のアフガニスタン攻撃を考える』東信堂，2002年

　　　2001年10月に自由法曹団の集会で行った報告に手を加えて，雑誌『世界』2001年12月号に掲載した論文をもとにまとめられたブックレット。この1冊で国際法の論点がよくわかる。国際法は難しそうだと思われ，敬遠されるかもしれないが，本書は市民のための国際法を論じているので，しっかりした水準で，かつわかりやすい。

　その他，次のようなものがある。

松田竹男「テロ攻撃と自衛権の行使」ジュリスト1213号，2001年

藤田久一「国際法から観たテロ，アフガン武力紛争」軍縮問題資料255号，2002年

前田　朗「九・一一の戦争犯罪論」社会評論128号，2002年

本間　浩「国際法・国連・ＮＡＴＯの対応」法学セミナー2002年2月号

3　戦争犯罪と国際刑事裁判所

　ブッシュの戦争犯罪を裁くためには，現代国際法における戦争犯罪とはなにかを明らかにしておかなくてはならない。国際人道法のテキスト以外に，現在の戦争犯罪論を明らかにした著作はあまり多くはない。

前田　朗『戦争犯罪論』青木書店，2000年

前田　朗『ジェノサイド論』青木書店，2002年

　　　以上は，日本軍性奴隷制などの日本の戦争犯罪の解明を目指して現代国際法における戦争犯罪，人道に対する罪，ジェノサイドの罪を追跡した著作である。

藤田久一『戦争犯罪とは何か』岩波新書，1995年

　　　新書で手軽に読めるし，水準も高いが，最新情報は含まれていない。

ＩＣＣ規程以後に生じた大きな情勢変化を除いて，基本的な知識を得るには最適である。

アムネスティ・インターナショナル編『入門国際刑事裁判所』現代人文社，2002年

国際刑事裁判所に関する初の入門書である。簡潔な紹介に加えて，旧ユーゴスラヴィア国際刑事裁判所の動向も明らかにされている。国際刑事裁判所規程の全訳も掲載されている。

安藤泰子『国際刑事裁判所の理念』成文堂，2002年

国際刑事裁判所に関する初の本格的研究書である。

4 民間法廷を知るために

これまで多くの民間法廷が開催されてきた。ラッセル・アインシュタイン法廷に始まり，核兵器を裁く民間法廷や，女性国際戦犯法廷が開かれてきた。ここでは4つの法廷に関する文献を紹介する。

1 ラッセル・アインシュタイン法廷（ベトナム戦争）

戦争犯罪を裁く民間法廷の代表として知られるのがベトナム戦争におけるアメリカの戦争犯罪を裁いたラッセル・アインシュタイン法廷である。哲学者のラッセルと物理学者のアインシュタインが提唱し，世界の著名な科学者や法律家らが協力して開催された民間法廷である。

森川金寿『ベトナムにおけるアメリカの戦争犯罪の記録』三一書房，1977年
森川金寿『権力に対する抵抗の記録』創史社，2001年

ラッセル・アインシュタイン法廷に日本から裁判官として参加した著者の報告である。

2 クラーク法廷（湾岸戦争）

湾岸戦争におけるアメリカの戦争犯罪を裁くために，アメリカ元司法長官のラムゼイ・クラークが，空爆下のイラクで現地調査を行い，被害実態を報告し，民間法廷を呼びかけた。

ラムゼイ・クラーク『被告ジョージ・ブッシュ有罪』柏書房，1991年

クラーク執筆の起訴状を収録している。

ラムゼイ・クラーク『アメリカの戦争犯罪』柏書房，1992年

ブッシュの戦争犯罪を裁く

民間法廷における「証拠」としての現地調査報告を中心にまとめられている。

3　女性国際戦犯法廷

日本軍性奴隷制（「慰安婦」問題）に関する日本（天皇，戦争指導者，慰安所関与者）の戦争犯罪を裁くために日本の女性と，アジアの女性，欧米諸国等の女性が呼びかけて準備し，男性の協力も得て，2000年12月に東京で開催された。昭和天皇を人道に対する罪で有罪と判断した画期的な判決を出している。

VAWW NET Japan編『戦犯裁判と性暴力』『加害の精神構造と戦後責任』『「慰安婦」・戦時制暴力の実態』緑風出版，2000年

これらは法廷準備段階でまとめられた論文や証拠を収録している。

VAWW NET Japan編『裁かれた戦時性暴力』白澤社，2001年

2000年12月の東京法廷の様子をまとめている。なお，2001年12月にはハーグで最終判決が言渡されている。

4　コリア戦犯法廷

朝鮮戦争におけるアメリカの戦争犯罪も長い間，裁かれずに来た。1990年代後半になって老斤里虐殺が判明して真相調査が活発になった。そして，2001年6月にはニューヨークでコリア戦犯法廷が開催された。

『この傷は忘れない——朝鮮戦争で米軍は何をしたのか』朝鮮戦争時の米軍による民間人虐殺を裁く5・15大阪集会実行委員会，2001年

老斤里から梅香里まで発刊委員会『駐韓米軍問題解決運動史』キップンチャユ日本事務所，2002年

5　関連ウエッブサイト

アフガニスタンの状況や，アフガニスタン難民支援に関しては以下のサイトが詳しい。

アフガン難民を支える会

　http://www.pat.hi-ho.ne.jp/nippagrp/afghan.htm

ペシャワール会

　http://www1m.mesh.ne.jp/~peshawar/

春を待つアフガン
　http://homepage2.nifty.com.mekkie/peace/archive/af_archive_1.html

　効果的な国際刑事裁判所（ＩＣＣ）を求めるＮＧＯのサイトとして，国際的なサイトと，日本における運動のサイトがある。
ＩＣＣを求めるＮＧＯ連合
　http://www.igc.org/icc/
国際刑事裁判所問題日本ネットワーク
　http://member.nifty.ne.jp/uwfj/icc/index.htm

ブッシュの戦争犯罪を裁く

あとがき

　2002年2月17日，私たちは，アメリカ国内で反戦決議を行ったバークレー市のスタッフをお招きして，「アフガニスタンに平和と正義を」という集会を開催しました（東京・星陵会館）。この集会で「アフガン戦犯法廷」の提案をし，そのための調査として，3月にアフガニスタン戦争被害調査団がパキスタンへ行き，難民から戦争被害の聞き取り調査を行いました。4月と5月には東京と大阪で報告集会をもつとともに，「ブッシュに対する起訴状」を作成しました。この時期，日本国内では「有事法制」という名の戦争協力法案が国会に上程されました。私たちは，有事法制に反対し，日本国憲法が掲げる平和主義と平和的生存権を守り，アジアや世界の人々と連帯して平和な国際社会を構築していくことが緊要であると改めて確信しました。

　パキスタンとアフガニスタン国境のカイバル峠も，ニュー・シャムシャトゥやコトカイも緑はわずかしかなく，土や岩ばかりの荒涼とした世界でした。あの厳しい自然の中で，アフガニスタン難民は世界の不条理と腐敗に耐えて暮らしていました。難民の子どもたちのキラキラした眼に晒された私たちは，語るべき言葉もなく，その場にいる自分たちを呪いたくなるような気持ちすら抱いて帰ってきました。

　ロヤ・ジルガの開催によってひとまずは「平穏」になりそうなアフガニスタンですが，構造的暴力に鷲掴みにされたままの，不安定な「平穏」を平和と呼ぶことはできません。アフガニスタン復興はまだまだ長い道のりですし，ロヤ・ジルガ直後から次々と不満も出ているとのことです。アフガニスタンの平和と正義を実現するために各国のNGOも努力を続けています。私たちもその努力に続くとともに，戦争被害の調査を続けていくつもりです。

　調査にあたっては，「アフガン難民を支える会」の督永忠子さんにお世話になりました。記して感謝の意を捧げます。イサ（Muhammad Essa）さんとイフティカー（Iftikhar）さん，ありがとうございました。

　年表作成にあたっては，どすのメッキーさんとドンブラーさんにお世話になりました。地図を作成してくれたのは東京造形大学の高橋いずみさんです。資料を提供していただいた星野隆三さん（東京造形大学教授）にも感謝します。

　また，原稿整理を手伝ってくれた朝鮮大学校法律学科学生（康仙華，姜潤華，金秀香，李瑛華，朴美香，徐麗香，鄭景心，曺善恵）に感謝します。

2002年6月23日

アフガニスタン戦争被害調査団
前田　朗（東京造形大学教授）
勝井健二（統一の旗新聞社）
高瀬晴久（平和と民主主義をめざす全国交歓会）

アフガン戦犯法廷準備委員会

前田　朗（まえだ・あきら／東京造形大学教授）
勝井健二（かつい・けんじ／統一の旗新聞社）
高瀬晴久（たかせ・はるひさ／平和と民主主義をめざす全国交歓会）

GENJINブックレット33

ブッシュの戦争犯罪を裁く
アフガン戦犯法廷準備編

War Crimes：First Report on United States War Crimes Against Afghanistan.

2002年7月27日　第1版第1刷

編　者●アフガン戦犯法廷準備委員会
　　　　　The Commission of Inquiry for the War Crimes Tribunal (ed.)
発行人●成澤壽信
発行所●株式会社現代人文社
　　　〒160-0016　東京都新宿区信濃町20　佐藤ビル201
　　　振替●00130-3-52366
　　　電話●03-5379-0307（代表）
　　　FAX●03-5379-5388
　　　E-Mail●daihyo@genjin.jp（代表）
　　　　　　　hanbai@genjin.jp（販売）
　　　Web●http://www.genjin.jp
発売所●株式会社大学図書
印刷所●株式会社ミツワ
装　丁●清水良洋
装　画●佐の佳子

検印省略　PRINTED IN JAPAN
ISBN4-87798-098-9　C0036
©2002　GENDAIJINBUN-SHA

本書の一部あるいは全部を無断で複写・転載・転訳載などをすること、または磁気媒体等に入力することは、法律で認められた場合を除き、著作者および出版者の権利の侵害となりますので、これらの行為をする場合には、あらかじめ小社また編集者宛に承諾を求めてください。